「医師」と「声楽家」が導く

人生最高の声を手にいれる6つのステップ

萩野 仁志／後野 仁彦
●共著●

音楽之友社

まえがき

　前著の『「医師」と「声楽家」が解き明かす発声のメカニズム〜いまの発声法であなたののどは大丈夫ですか』を執筆してから、早いものでもう10年余りが経ちました。

　その後も私は淡々とクリニックの音声外来で患者さんと接し、ヴォイス・トレーニングが必要な方には共著の声楽家・後野仁彦氏にトレーニングしてもらい、患者さんを見たあとに、声帯の動きの様子（動的初見）と音声データを確認しつつ、治療効果の検証を行いながら経験と実績を重ねてきました。さらに我々を囲むスタッフの力も借りて、多くの患者さんが声の悩みから解き放たれるのを見て参りました。

　本書では、前著『発声のメカニズム』では書ききれなかった、いわば「実践応用編」が多数書き込まれています。

　前著では「とにかくわかりやすく」「できるだけシンプルに」「図解でわかりやすく」というコンセプトで、発声に関して問題提起をしましたが、今回は、より実際の歌唱に即して深く掘り下げた内容になります。

　「自分の声のパートをもう一回見直したい」「少し難しい曲に挑戦したい」「のどを広げることまではできても、声がよくならないのはどうしてなのか知りたい」「母音によって上手く声が出せないのはどうしてか知りたい」などの皆さんのニーズに、より応えられる内容になったのではないかと思います。横隔膜の動きをMRI画像で比較したStep4や声のエネルギー分布をデータで見ることのできるStep6も、きっとお役に立つことでしょう。

左：萩野仁志
右：後野仁彦

　Step6の記述とフォルマント解析については、東海大学の沖野成紀先生に多大なご協力を賜りました。ここに深くお礼を申し上げたいと思います。

　前著を読んで頂き、ご自分の発声に応用しようと思ったとき、実践にあたって戸惑いや疑問点などが出てきたはずです。特に声楽を志す方たちにとっては、その点が気になっていたことでしょう。今まで多くの本に書かれてあったことと真逆のことが書いてあったりして、自分の師の教えとのギャップに戸惑うこともあったと思います。

　しかし、「誰もが認めるよい発声」とは、突き詰めればアプローチは違っても同じ方向に集約されていく感があります。同じ頂点を目指すのに、正面から登るか、裏から登るか、山登りにもいろいろな登り方があるように、よい発声を会得するにも、いろいろな方法があるということなのです。

　いままで、あなたが思ってもいなかった方法が、この本に書かれていたとして、それを実践することで、あなたの師に認めてもらえる正しい発声になったとしたなら、私たちの目標は達成されたことになります。

　私たちは、どんな形であれ、読者の皆さんが正しい発声を手に入れて、いままで悩んでいた声のトラブルから解放された明るい笑顔を見ることで、ほっとした気持ちになりたいのです。

　それでは、あなたの人生最高の声を手にいれるために、この本で前に一歩踏み出していきましょう。

はぎの耳鼻咽喉科院長　萩野仁志

まえがき……………………………………………………………………………… 2

プロローグ　歌う声帯のメカニズムを知る…………………… 9

❶人間の声はこう作られる……………………………………………………… 10
振動から共鳴へ、管楽器との共通点
声帯で作られた音＝「声」ではない

❷歌手に向いた声帯はあるの？………………………………………………… 13
歌手の技量は"共鳴腔"の使い方にあり
高い声も低い声も出せるしくみは？

❸体型と声に関係はあるの？…………………………………………………… 15
話声が低くても高い声で歌うことはできる？
いろいろな歌手の声帯と声域の関係
平均的な各パートの声域譜
男性は歳をとると声が高くなり、女性は低くなる？

◎声の悩みQ&A
手術をすれば高い声が出るようになりますか？………………………… 13

Step1　地声・裏声を使いこなす………………………………… 19

❶まず生理的なヴォイス・チェンジと仲良くなろう………………………… 20
地声は内筋、裏声は前筋の功

❷ヴォイス・チェンジには2種類ある………………………………………… 21
生理的vs技術的なヴォイス・チェンジがある

♬ATONOメソッド①②
歌が格段に上手くなる！ 女声に役立つ、地声と裏声をつなぐ練習法…… 22
女声の裏声（頭声）をラク〜に出すコツをつかむ練習法………………… 24

❸地声で高い音を歌ってはいけないの？……………………………………… 25
地声はだめな声？
頭声のフォームなら、ほとんどの音域が歌える

❹ファルセットと頭声、裏声の違いは？……………………………………… 26

❺どうして1つの声帯でいろいろな声が出るの？…………………………… 28
地声と裏声のしくみ

◎声の悩み**Q**&**A**
　ポップス歌手にファルセットの練習は役立ちますか?‥‥‥‥‥‥‥‥ 27

✜コラム　バリトンはファルセットが得意?
　　　　　～カウンター・テナーにバリトンの人が多いわけ‥‥‥‥‥‥ 27

Step2　自分の本当の声域を知る‥‥‥‥‥‥‥‥‥29

❶自分の声域をもう一度検証しよう‥‥‥‥‥‥‥‥‥‥‥‥‥‥‥ 30
　声帯の見ためでパートは決められない
　技術的ヴォイス・チェンジの音を見定める

❷女声の正しいパートの決め方‥‥‥‥‥‥‥‥‥‥‥‥‥‥‥‥‥ 31
　日本人にアルトはまれ
　のどの故障を起こさないためには

❸男声の正しいパートの決め方‥‥‥‥‥‥‥‥‥‥‥‥‥‥‥‥‥ 32
　テノールとバリトンを好みで決めない
　実際の演奏上のヴォイス・チェンジは動く

✜コラム　ソプラノなのかメゾなのか? それが問題だ!
　　　　　～メゾ・ソプラノ・アクートの例‥‥‥‥‥‥‥‥‥‥‥‥ 33

◈トスティの歌曲で自分の本当の声域を確かめてみよう!‥‥‥‥‥‥‥ 34
　《Malia魅惑》《Ancora!もう一度》《Segreto秘密》

パートを判定するための技術的ヴォイス・チェンジの音を鍵盤で見ると‥‥ 37

※あなたの声のパート判定チャート‥‥‥‥‥‥‥‥‥‥‥‥‥‥‥‥ 40

Step3　母音を楽に歌う‥‥‥‥‥‥‥‥‥‥‥‥‥‥‥41

❶母音のかたち‥‥‥‥‥‥‥‥‥‥‥‥‥‥‥‥‥‥‥‥‥‥‥‥ 42

❷母音の意外な広さ‥‥‥‥‥‥‥‥‥‥‥‥‥‥‥‥‥‥‥‥‥‥ 44
　発音しやすい母音と、しにくい母音の違いは?
　舌の位置が音の陰影も作る
　のどを開く練習は「i」の母音でできる

❸母音「a」を楽に発声するために‥‥‥‥‥‥‥‥‥‥‥‥‥‥‥ 47
　「a」の音は、ほほの力を抜いて
　上あごは骨格上、開けられない

●5

Step4　歌う呼吸の極意⋯⋯⋯⋯⋯⋯⋯⋯⋯⋯⋯⋯⋯⋯⋯⋯ 49

❶理想的な腹式呼吸って？⋯⋯⋯⋯⋯⋯⋯⋯⋯⋯⋯⋯⋯⋯⋯⋯⋯ 50
　横隔膜の不思議
　息はどう吸えば歌いやすいの？

♬ATONOメソッド③
　これで息もれなし！ 腹式呼吸は上腹部の運動で制覇する‼
　～みぞおちを上手く使うと変わる！ ２つの訓練法
　横隔膜そのものを強くするトレーニング⋯⋯⋯⋯⋯⋯⋯⋯⋯⋯ 52
　上腹囲を保ちながら細く長く息を使うトレーニング⋯⋯⋯⋯⋯ 54

✜コラム　横隔膜コントロール度テスト
　　　　　～あなたが横隔膜を理想的に動かしているかチェックしよう！⋯ 56

❷腹式呼吸にもいろいろ⋯⋯⋯⋯⋯⋯⋯⋯⋯⋯⋯⋯⋯⋯⋯⋯⋯ 57
　お腹のどこを使うか？ それが問題だ！
　主役は横隔膜で！ ～ロングトーンのための最強の筋肉
　上腹囲を保つ呼吸のしくみは？
　呼吸にかかわる他の筋肉と横隔膜の力関係

✜コラム　ろうそくテストをご存知ですか？ ～息がもれるって？⋯⋯⋯⋯ 60
　　　　　やってはいけない腹式呼吸 ～ヨガの呼吸は歌には使えない？⋯ 62
　　　　　腹式呼吸の科学⋯⋯⋯⋯⋯⋯⋯⋯⋯⋯⋯⋯⋯⋯⋯⋯⋯ 63

◎声の悩み**Q**&**A**
　語るように自然に歌うとは？⋯⋯⋯⋯⋯⋯⋯⋯⋯⋯⋯⋯⋯⋯⋯ 61

※これで決まり★よい声を出すためのチェック・シート⋯⋯⋯⋯⋯⋯ 64

Step5　歌う姿勢と口の開き方の極意⋯⋯⋯⋯⋯⋯⋯⋯⋯⋯ 65

❶歌うのどの開け方⋯⋯⋯⋯⋯⋯⋯⋯⋯⋯⋯⋯⋯⋯⋯⋯⋯⋯⋯ 66
　のどの開け方で響きは変わる

❷高い声と低い声のしくみ⋯⋯⋯⋯⋯⋯⋯⋯⋯⋯⋯⋯⋯⋯⋯⋯ 71
　声は胸に当てる？ 高い声を出すには
　当てる場所は意識しなくてもいい

♬ATONOメソッド④⑤⑥⑦
のどを開けて高い声を無理なく出すには
～かかと重心で歌う練習·················· 72
高い声が楽に出せるあごの開け方 Part 1 ·············· 74
高い声が楽に出せるあごの開け方 Part 2 ·············· 76
自然に声を出すときと、歌うときのあごの動きを比較しよう！·········· 78

❸姿勢ひとつで声は変わる················· 80
座って歌うときの正しい姿勢
見上げながら歌うときはどうする？

❹のどを詰めない発声とは·············· 83
共鳴スペースは広く
のどを広げた発声と、のど詰め発声の違い

♬ATONOメソッド⑧⑨
喉頭を下げて、のどを広げる発声のコツ·············· 85
のどぼとけを上げ下げしてみよう ～声帯（喉頭）の位置を下げる練習··· 86

❺低い声を出すには················· 89
女性は地声に注意
男性は地声が基本

❻鼻腔共鳴はどれだけ必要？·············· 90
軟口蓋上げすぎのデメリット

◎声の悩みⓆ&Ⓐ
顔の筋肉には余計な力を入れずに歌おう·············· 70
つま先重心で歌うのはいけないの？·············· 75
ミュージカル女優ですが、いつものどが痛いです·············· 87
仮声帯に力が入っていると言われました·············· 88
歌声が鼻声に聞こえると言われ困っています·············· 91

✣コラム　あなたは、あごの力を抜いて歌えますか？·············· 82
　　　　　鼻腔の共鳴がなくともベルカントで歌える？·············· 92

Step6　自分の声のエネルギーを活かす⋯⋯⋯⋯⋯⋯⋯93

❶「よい声」は定義できるのか⋯⋯⋯⋯⋯⋯⋯⋯⋯⋯⋯ 94
　「大きい声」＝「響く声」ではない
　よい声の「見える化」

❷響きのアンサンブル ⋯⋯⋯⋯⋯⋯⋯⋯⋯⋯⋯⋯⋯⋯⋯ 98
　オペラ歌手の声がオーケストラに負けないわけ

❸母音のエネルギー ⋯⋯⋯⋯⋯⋯⋯⋯⋯⋯⋯⋯⋯⋯⋯104
　母音によって異なる声の響き

◎声の悩み❸&❹
　顔や頭に響かせる共鳴とは違うの？⋯⋯⋯⋯⋯⋯⋯⋯⋯100
　発声法は声部（パート）により違うのでは？⋯⋯⋯⋯⋯102

あとがき ⋯⋯⋯⋯⋯⋯⋯⋯⋯⋯⋯⋯⋯⋯⋯⋯⋯⋯⋯⋯107

奥付⋯⋯⋯⋯⋯⋯⋯⋯⋯⋯⋯⋯⋯⋯⋯⋯⋯⋯⋯⋯⋯108

【フォルマント測定＆発声指導】
はぎの耳鼻咽喉科　www.haginojibika.com/
住所：東京都町田市玉川学園7-1-6 JUN玉川学園 1F
代表電話：042-728-8737
予約電話：050-5865-1774（初診予約可）
予約詳細は http://www.haginojibika.com/reservation.html
音声専門外来：毎週火曜日（予約制）

【発声指導レッスン予約・お問い合わせ】
ヴォイスメンテナンススタジオJ＆J
住所：神奈川県川崎市麻生区上麻生1-12-9 ヴィエルラトゥール105号
電話：044-281-4785（スタジオ）／042-728-8737（はぎの耳鼻咽喉科）
E-mail: studio.jj@jewel.ocn.ne.jp

プロローグ
歌う声帯のメカニズムを知る

❶人間の声はこう作られる

振動から共鳴へ、管楽器との共通点

　人間が声を出すときは、肺に吸った息を「のど」から出して声にします。のどの奥には「声帯」という2枚のひだが息の出口に存在します。2枚のひだは、息をのどから出すときには管楽器のオーボエのリード板のように振動します。この声帯の振動によって起きた小さな音が、のど・口・鼻の中などに共鳴して「声」が作られます。

　つまり
Ⓐ肺から吐く息
Ⓑ声帯の振動（声帯原音といいます）
Ⓒのど・口・鼻の中での共鳴
　この3要素があって人間の声となります。

> ここではオーボエも人間の声帯も、ダブル・リードだということを覚えておこう。

■声帯の振動によって起きた音の共鳴（声の波動）

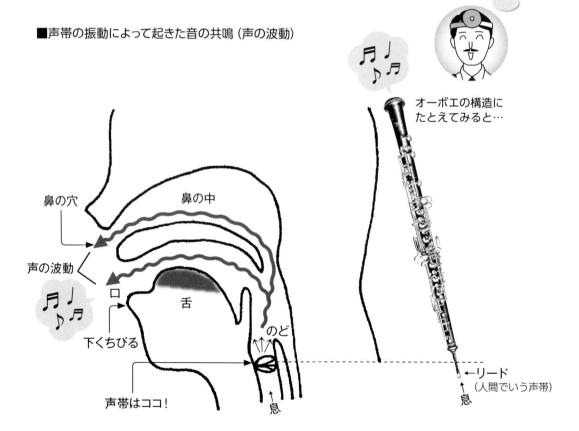

10 ●プロローグ：歌う声帯のメカニズムを知る

声帯で作られた音 ＝「声」ではない

オーボエは、人間の吐く息でリードの振動が木管部分に共鳴して、あの美しい音色になります。人間の場合も、声帯で作られた「原音」が、喉頭、咽頭、口腔、鼻腔に共鳴することで、はじめて「声」になるのです。実際に発する声は「原音」がそこに共鳴することによってグレードアップされています。まったくグレードアップされていない声帯そのものの発する「元の音」＝「声帯原音」はどんな音でしょうか？ 人間の、のどを取り出して聞くことはできませんが、聞けたとしても、人間の声とはほど遠い雑音のような音になるでしょう。

声帯は、首の外から見ると、みなさんの「のどぼとけ」の位置にあり、これを「喉頭」といいます。その中にあるのが「声帯」で、内視鏡で見ると美しい2枚の粘膜です。その声帯の粘膜が波動を起こして「声」となります。

ある人の息を吸うときと声を出すときの声帯を見てみよう。

■息を吸うときの声帯

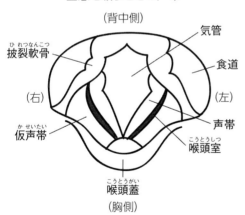

■声を発するときの声帯

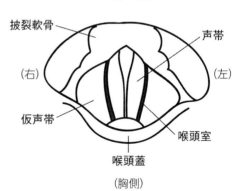

■内視鏡で見ると…

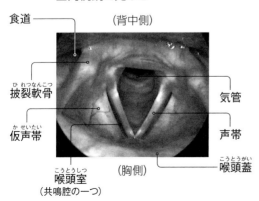

プロローグ：歌う声帯のメカニズムを知る●11

■口腔内の音の共鳴する空間（共鳴腔）のようす

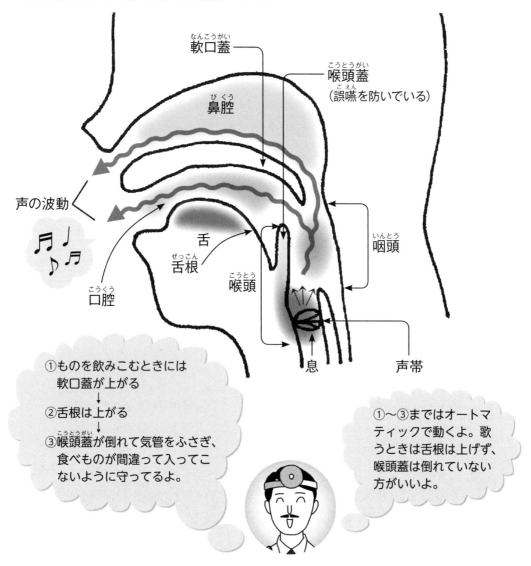

ところで、手術などで喉頭がなくなって声帯を失うと、どうやって声を出したらいいのでしょうか？　それには、声帯原音の代わりになる、人工的音源を発生させる装置があります。この音源を首の外から当てることで、話をすることができます。咽頭、口腔の共鳴腔に、この音源から発せられる原音が響くとき、Step3の図に見るような舌の形や口の開き方で各母音が発声できます。発声するときは、この図を見ながら舌の形を特に意識する必要もなく、口を少しオーバー気味に動かせば、いままでの発語の舌の形に自然になるので、言葉として話すことができます。

人工喉頭から伝わった振動が、咽頭、口腔内に伝わり、言葉として発音できるようになります。

人口喉頭を使って発語しているようす

❷歌手に向いた声帯はあるの？

歌手の技量は"共鳴腔"の使い方にあり

あなたの声帯が、どんな高さで、どんなパートで歌うのに適しているのかについて、医師が診てアドバイスすることは参考になるかもしれませんが、声帯に病気を持つのでないかぎり、声帯の外観などで、その人の歌手としての適性は測れません。**声帯はあくまでも「原音」を作る器官**であって、歌手としての技量が反映されるのは、主として原音を共鳴させる「共鳴腔」の使い方です。共鳴腔そのものの使い方は、Step5で学びます。

著名な歌手でも声帯が貧弱に見える例はありますが、例え年齢の影響で、声帯が多少やせてきていても、表現力や共鳴させる技術で素晴らしい歌唱力を保っている高齢の歌手は星の数ほどいることが、それを証明していると思います。

・・・・・声の悩みQ&A・・・・・

手術をすれば高い声が出るようになりますか？

Q 高い声を出せるようになるために手術ができると聞きました。本当ですか？

お答えします！

A 声帯がまったく正常なのに、練習をしても高い声が出ないから手っ取り早く手術を受けたいと、相談されるケースが増えました。声帯は強く引っ張ると高い声が出ます。声帯を引っ張るには「甲状軟骨」と「輪状軟骨」という場所の前部をつなぐ「前筋（輪状甲状筋）」が収縮して声を高くする働きをします。

この解剖学的メカニズムを熟知した、ごく一部の優秀な医師たちが、高い声を出やすくする手術を考案して、ホームページなどでも紹介されています。しかし、日本の音声外科医の手術方針は、薬の副作用や病的状態から声が低くなった方たちへの対処が主目的ですから、そういった状況でない方は、安易に手術を受ける前に、まずは正しい発声を身につけて、高い声が出る練習をすることをすすめています。

プロローグ：歌う声帯のメカニズムを知る●13

高い声も低い声も出せるしくみは？

声帯は輪ゴムのように"伸ばされて"高い声が出ます。声帯を引っ張るには甲状軟骨と輪状軟骨の前部をつなぐ前筋（輪状甲状筋、といいます）が収縮して声を高くする働きをします。低い声と高い声を出すときの声帯のようすを、輪ゴムに例えて比較してみます。

■ゆるめた輪ゴム

■低い声を出している緩んだ声帯

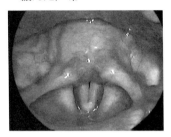

■前筋の動き

【低い声のとき】

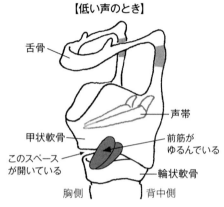

■ピンと張った輪ゴム

■高い声を出しているピンと張った声帯

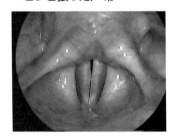

【高い声のとき】

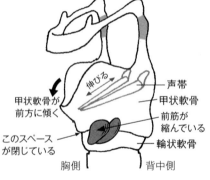

前筋が収縮して小さくなると、甲状軟骨が前方に傾き、開いているスペースが閉じるよ。

このとき、甲状軟骨にある声帯はタテ方向に引っ張られて伸びることになり、高い声が出るよ。

❸体型と声に関係はあるの？

 話声が低くても高い声で歌うことはできる？

身長の高い人は、それに比例して声帯のサイズも大きい傾向になりますので、そうした身体の大きな人は、低い声を出せる可能性が上がります。その反対の例が赤ちゃんですが、もちろん声帯のサイズは小さいですから、かん高い声で泣きます。子どもの頃は身体が小さいので、女性と同じ高めの声ですが、身体が大きくなるにつれて声もしだいに低くなります。

もちろん例外はいつもあります。例えば身体の小さい人で、普段話声が低い人でも、歌う時には高い声域で歌える可能性があります。Step2にパートの決め方についてアドバイスがあるので、しっかりお読みください。

いろいろな歌手の声帯と声域の関係

> テノールの声帯がソプラノより小さく見えるのは、この人の発声で喉頭蓋が倒れて声帯の一部を隠しているためだよ。

■それぞれのパートの声帯写真

アルト

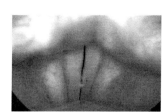
メゾ・ソプラノ

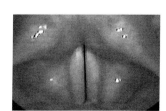
ソプラノ

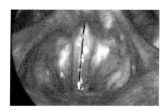
バス

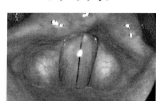
バリトン

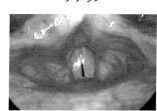
テノール

平均的な各パートの声域譜

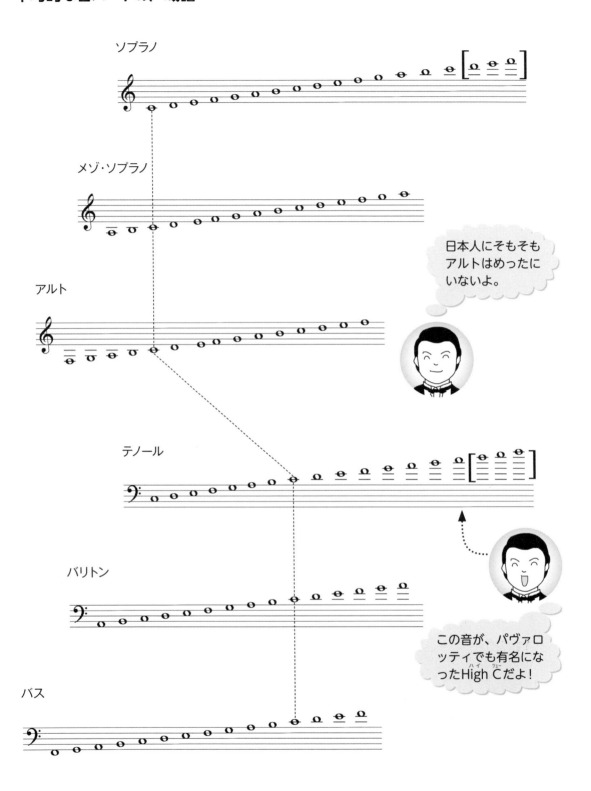

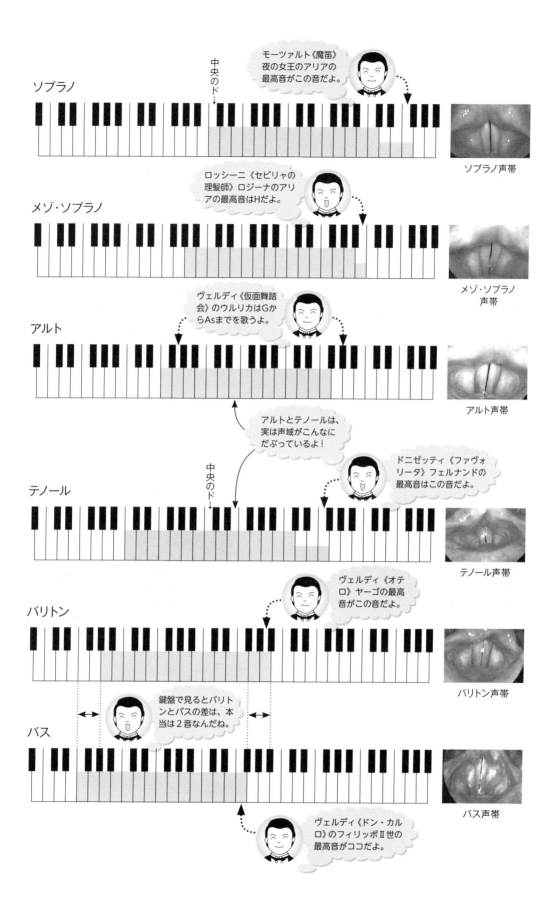

プロローグ：歌う声帯のメカニズムを知る ●17

男性は歳をとると声が高くなり、女性は低くなる?

声と年齢については、個人差があり絶対的な法則はないように思います。男性の声帯は一般的に女性より大きく重いので、体型がやせていくと「楽器が小さく」なることによって、声が高くなることが考えられます。男性は女性に比べて、歳をとると声帯のやせていくのが目立つことが多く、このために「男性は歳をとると声が高くなる」と言われるのでしょう。しかし、声帯を引っ張る力が衰えると声は低くなってしまいます。声帯が多少やせても、体調が悪かったり声帯を引っ張る筋肉の衰えが著しいと、筋力の影響が強く出て、声は低くなるでしょう。歌う声域（パート）と声帯の関係は、年齢に伴って変わることもあるわけです。

声帯のやせが進むと、高い声になることはあるとしても、歌う声で男性がバリトンからテノールになることは、ほとんど経験しません。実際は男性の場合は低い声が出にくくなり、声の質は軽くなります。一方で、女性では声帯を引っ張る力が減るせいか、高い声が出なくなってソプラノ・パートの音域が歌いづらくなることがあります。

■年齢に伴ってやせた声帯

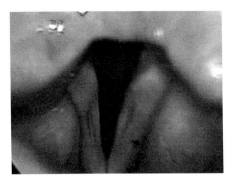

やせた声帯の吸気時
※声帯がやせて溝ができている

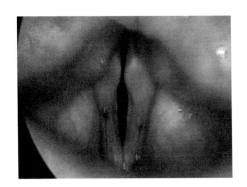

やせた声帯の発声時
※発声時に声帯を閉じようとしても、
　左右の声帯の間に隙間ができている

Step 1

地声・裏声を使いこなす

❶まず生理的なヴォイス・チェンジと仲良くなろう

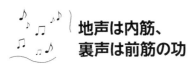 **地声は内筋、裏声は前筋の功**

　みなさんが音階を歌うとき、しだいに高い声を出していくと、「ある音」を通過して高音に向かうときに、のどが「狭くなる」「ひっかかる」感じになり、声が不安定になってバランスがとりにくくなる音があります。その「ある音」を、この本では「**生理的なヴォイス・チェンジの音**」と呼ぶことにします。この音を通過して、さらに高い声を出すときは、声帯がそれまでとは違ったフォームで声を出すことになります。

　「ある音」で何が「変わる」のでしょうか。音階を上げて歌っていくときに、声は声帯が波動を起こして出るわけですが、声帯の内側にある筋肉「**声帯内筋（甲状披裂筋）**」が活躍して声を出すときを、いわゆる「**地声**」発声といいます。低い声から中音域まではこの筋肉が活躍します。ところが「ある音」から高い声を出すとき、声帯の中で、この筋肉の働きが「変わる」のです。普通に声を出して歌い音階を上げていくと、やがて普通の声の出し方では出せなくなり、**"声をひっくり返して" 出すと出る音域、これが「裏声」**です。「ある音」を境に、声帯内筋の働きが落ち、代わりに声帯の外にある甲状軟骨と輪状軟骨をつなぐ「**前筋（輪状甲状筋）**」の働きが優位となり、**この前筋の働きで声帯が外から前後に引っ張られてピンと張り、高い声が出やすい環境**になります。

　ただし裏声にはひっくり返って、場合によっては使いものにならない裏声と、正しいフォームで訓練を積んで出す美しい歌唱に使える裏声があります。その**訓練を積んだ裏声**を、この本では「**頭声**」と呼ぶことにします。

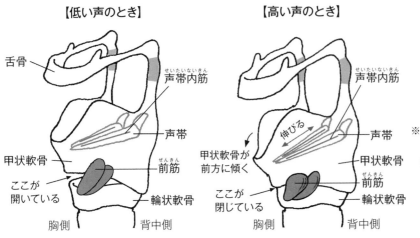

※前筋が収縮して小さくなると、甲状軟骨が前方に傾き、開いているスペースが閉じる。このとき、甲状軟骨にある声帯はタテ方向に引っ張られて伸びることになり、高い声が出る。

❷ヴォイス・チェンジには 2種類ある

生理的vs技術的な ヴォイス・チェンジ がある

ヴォイス・チェンジの意味は2つあります。生理的なヴォイス・チェンジと、技術的（声楽的）なヴォイス・チェンジです。

生理的なヴォイス・チェンジは、いわゆる地声⇔裏声（声をひっくり返す）の境界です。もう1つの技術的なヴォイス・チェンジは女声・男声共通で、胸声⇔頭声の声をひっくり返さずに声質が変わる境界です。この本では「胸声」とは女声の場合、充実した「頭声」のフォームをそのまま保ちつつ発声している低・中音域のことをいいます。男声の場合の「胸声」は、同じ地声でも特に声楽的に訓練し洗練された低・中音域のことを、この本ではいいます。

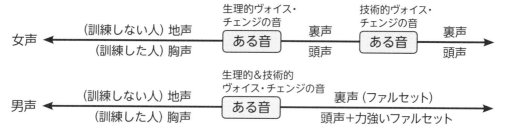

この章では、まず女声の方に、ポップスの発声にも役立つ生理的なヴォイス・チェンジの音の前後を、どうなめらかに歌うかを身につけていただき、技術的なヴォイス・チェンジについては次のStep2で学びます。そして、すでに訓練された頭声と胸声を手に入れた方にも、この練習はとても有効です。

スイスやオーストリアのアルプス地方で歌われる民謡「ヨーデル」では、地声と裏声を連続して交互に歌う歌唱法が見られますが、大変珍しい発声です。男声も女声と同じく、高音域で地声と裏声（ファルセット）を交互に発声しますが、なかには名人級の人が、クラシックの発声に近いような胸声と頭声を使い分け、素晴らしい歌唱を聴かせることがあります。

◀ヨーデルを歌うオーストリア・アルプスの人たち。ポケットに手を入れて歌うのが定番スタイル

Step1：地声・裏声を使いこなす●21

♪ ATONOメソッド①

歌が格段に上手くなる！
女声に役立つ、
地声と裏声をつなぐ練習法

女声のどのパートの方も、以下のＢ（シ♭）～Ｅ（ミ）の音間で、次のような練習をしてみましょう。

まず、ピアノでいう中央のＣ（ド）の音で、1秒間地声（好きな母音でOKです！）を出し、休まず同じ音で1秒間ずつ裏声に切り替え声を出します。そして**地声→裏声→地声→裏声→地声**の順番に声を出します。この練習は**広いのどで地声が出せる**ようになり、今まで地声ばかり歌ってきた人は特に、**のどを痛めるリスクが回避できる**とともに、なめらかにフレーズが歌えるようになります。すでに頭声と胸声で歌える方も、胸声→頭声→胸声→頭声→胸声の順に出す練習をしてください。のどの健康のための基本フォームのチェックともなります。

 Ｃドの音を、**好きな母音**で1秒間出してみましょう！
↓休まず続けて！

次に次ページのように、Ｄレ→Ｅミ→Ｄレ→Ｃド→Ｂシ♭→Ｃドの音の順番で練習します。声が切り替わる時に上手くつながらなかったり、段差がある感じの声になる場合もありますが、なめらかにつながるまで練習します。ただし地声または胸声を練習しすぎると高い声が出にくくなることがあるので、長時間の練習には注意。むずかしいときはメソッド②を先にやってもOKです！

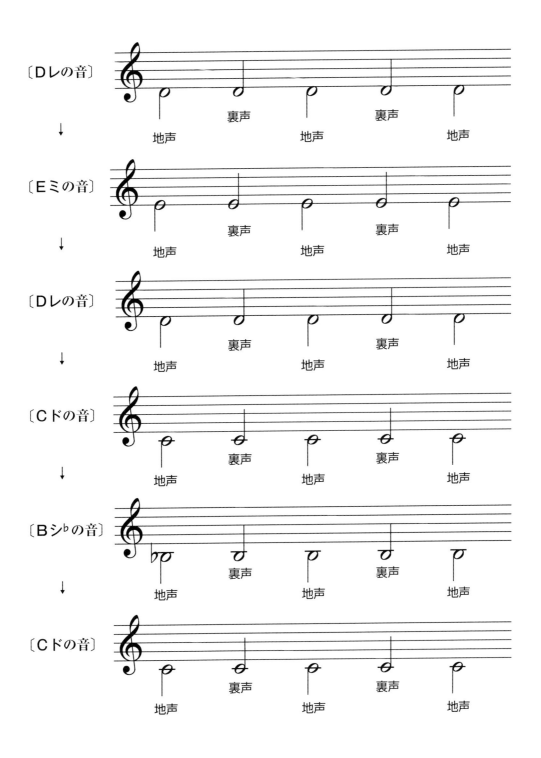

※この本ではドイツ音名を採用しているので、B=シ♭です。

♪ ATONOメソッド②
女声の裏声（頭声）をラク〜に出すコツをつかむ練習法

　無理のない高さの声、例えば以下の譜例でC（ド）から裏声を使い、順次下行音階でなるべく地声を使わずに低い声を出します。裏声を出せる自分にとっての最低音、例えばE（ミ）に達したら、その音を地声と裏声の両方で出せるようにします。そしてだんだん音程を下げていき、地声と裏声の両方で出せる限界の音、例えばB（シ♭）までを練習します。

半音ずつ降りてきてもいいけれど、前の音との違いをはっきり感じ取るには、全音で降りてくる方がわかりやすいよ！

今まで狭いのどでの地声でしか歌ったことがなかった人には、メソッド❶の、同じ音で地声⇔裏声の切り替えはむずかしかったかもしれないね！

その場合はメソッド❷からやってみよう！自分が出しやすい音で裏声を出してみて、少しずつ降りてくる、この練習からやると感覚がつかみやすいよ！

❸地声で高い音を歌ってはいけないの？

地声はだめな声？

声楽の先生から「あなたはソプラノよ」と言われた人がレッスンで「高い声を地声で張り上げないように」と言われたそうです。なぜ地声で歌ってはよくないのでしょうか。ひとことで言えば、のどを痛めるからです。音楽によって、声の表現はさまざまではあるかもしれませんが、のどの健康を保ちながら歌うことのできる発声でなければ、歌える寿命そのものが短くなりかねません。

地声とはどういう声でしょう。ほとんどの女性は意識せずとも、地声で会話をしています。地声は歌を歌うときにも気軽に使えます。カラオケだって、そのまま地声で歌える曲がほとんどですから、そうした曲に一般の方の人気が集まるのもうなずけます。地声で高いキーの曲を歌う場合、可能な高さまで地声で張り上げ、出なくなった音で声をひっくり返して「裏声」に逃げて歌う経験は、皆さんよくあることでしょう。音楽のジャンルによっては、それが表現のレベルにまでなっているときもあります。

頭声のフォームならほとんどの音域が歌える

一方で、もう一度ここで確認しておくと、クラシックの女性歌手は、曲のほとんどの音域を、P20で述べた「頭声」を使って歌います。「頭声」という同じフォームの発声のまま歌えば、低い声から高い声まで広い音域を自在に歌うことができるのです。音域が広ければ、それだけ表現の自由度は上がり、歌える音楽の幅も広がります。70歳を過ぎてなお現役で、100人のオーケストラにも負けずに歌うことのできる歌手は、そうした普遍的な歌い方を身に付けているからです。

頭声は「裏声」と表現されることもありますが、一般の人がカラオケを歌う時に地声が出ない音域で声をひっくり返して簡単に出した裏声ではありません。いわば「頭声」は、Step2から学んでいく「訓練された裏声」と言えます。最初からオーケストラに負けないような声量の「頭声」で歌唱することはできませんが、たゆまぬ訓練により、そうした立派な頭声を手に入れていくことは不可能なことではありません。一般には、例えばソプラノ歌手の場合、ピアノの中央のC（ド ）から上の音は、胸声（地声）を使って歌うことはほぼありません。一方、メゾ・ソプラノであれば、その上のE（ミ ）くらいまでの音なら胸声（地声）を使って歌うこともあります。

現在は音響機器の発達により、訓練されていない小さな声でも、演奏会場の後ろの席まで声を届けることができます。またマイク・テクニックやミキサーの音加工によって、訓練されていない裏声を、頭声のように心地よい音色に加工して作り出すこともできますが、それは本来の声のエネルギーとは違う響きです。

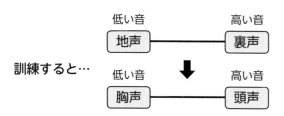

訓練すると…

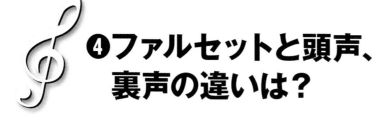

❹ファルセットと頭声、裏声の違いは？

　男性も女性も、低い声から、だんだん高い声に変えていくと、そのままでは発声ができなくなり「声をひっくり返して」高い声を出しますが、これを「裏声」＝（男性なら）「ファルセット」と言います。

　一方、「頭声」とは主に、クラシック歌手が使っている歌声を豊かに響かせる発声法であることは、この章の初めで述べました。女声の場合、「ファルセット」とは、この頭声と同義語として使われることもあります。しかしながら本来のイタリア語では、ヴォーチェ・ディ・ファルセットVoce di falsettoまたはヴォーチェ・ディ・ファルソVoce di falso（偽せものの声）といい、**「ファルセット」とは男声の地声にとっての「裏声」**のことです。男声の「頭声」とも違い、男性の頭声は、あくまでヴォイス・チェンジより上の音を指します。

　アメリカの著名なヴォイス・トレーナーのリチャード・ミラーの著書（P104参照）でも、ソプラノ歌手が使う「豊かな頭声」はファルセットではないとされ、この本でもその立場をとります。

　一方、宗教曲やバロック・オペラの分野では、男性でも非常に高い声で歌う**「カウンター・テナー」という声種があり、「ファルセット」に分類**されます。

　テノールやバリトンの人が曲に指定される以外で高い声を裏声（ファルセット）で歌うことはありませんが、カウンター・テナーの安定したファルセットは、女性のソプラノ歌手に匹敵するような「頭声」に聴こえることがあります。

　一方、ソプラノ歌手が頭声で歌っているときの声帯の動きは、男性が「声をひっくり返して」歌う声帯の動きと似ていますが、腹式呼吸を利用して、より芯のある声になっている点で、単なる裏声とは違うわけです。

26 ●Step1：地声・裏声を使いこなす

・・・・・ 声の悩みQ&A ・・・・・

ポップス歌手にファルセットの練習は役立ちますか？

Q 男性でポップス歌手を目指しています。高い音を歌うときにファルセットを使う練習は役に立ちますか？

お答えします！

A 男性によく見かける「押し付けた」絞り出すような声の出し方があります。いわゆる「がなりたてる」発声で、地声でひたすら大きい声で、そのまま高音域を出そうとする人に、高音域から低音域への下行音階を歌ってもらい、ファルセットから地声に移行するトレーニングをすることは、とても有効です。ファルセットで歌うことで、多少でものどを広く保って歌うことができ、声を絞り出すときの、声帯の過度の緊張による、のどの根本的な故障を防ぐことができるからです。

バリトンはファルセットが得意？
〜カウンター・テナーにバリトンの人が多いわけ

　男性がファルセットで声を出しているとき、声帯の内筋は弛緩しています。その声帯を、まわりの筋肉がピーンと前後に引っぱって、ファルセットの声を作り出しています。声域がバリトンの人は、テノールに比べて声帯が長いので話し声も低いのですが、ファルセットを使って歌唱する場合、その長さがかえって安定感を生むようです。ではバスの声の方ならもっとよいのではと考えたくなりますが、バスの人には声帯が長すぎて、逆にファルセットは難しいようです。一方で特に軽めのテノールの人は、**F（ファ⑨）** 以上の高音域になると地声とファルセットの区別がつかなくなる場合もあります。ファルセットを使って歌唱するのは、バリトンの声帯の大きさがちょうどよいと考えられます。同じくファルセットを使って、訓練された頭声並みの声で活躍するカウンター・テナーの人にも、本来バリトンの人が多いのもうなずけます。

❺ どうして1つの声帯で いろいろな声が出るの？

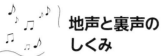
地声と裏声の しくみ

　ある人が地声と裏声それぞれを発声しているときの声帯の様子を、イラストで表現してみます。

　地声発声のときは、図❶のように声帯の広範囲の部分が、ダイナミックな波動を起こしています。

　一方、裏声のときは、図❶❷のように声帯の一部が細かく波動を起こしています。裏声の声帯の動きには、よく見ると同じ人でも音高や音量によって2つのパターンを使っていることがあります。

　まず❶は声帯の前後の広い範囲をうすく使っていますが、❷は声帯の前方の一部をうすく使っています。

❶❷ともに、声帯全体でなく一部を使うことにより「あたかも自分が小さい声帯をもっているかのように発声する」生命の不思議といってよいでしょう。

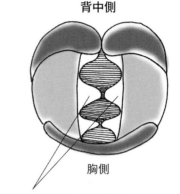
❶ 地声発声のときの声帯

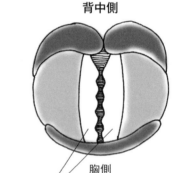
❶ 裏声発声のときの声帯
（声帯全体をうすく使っている人の例）

声帯は、せいぜい長さ1.5～2cmくらいの器官だよ。そのさらに一部を使って裏声を作っているんだね。

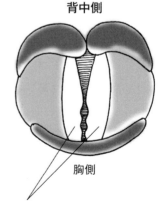
❷ 裏声発声のときの声帯
（声帯前方の一部をうすく使っている人の例）

※声帯の波動はデフォルメしてイラストにしています。

Step 2

自分の本当の声域を知る

❶自分の声域を もう一度検証しよう

声帯の見ためでパートは決められない

ある女性が自分のパートを決めるのに悩んでいました。声楽の先生に相談すると、「あなたの声の音色は暗いからアルトよ」と言われました。一方で、彼女が耳鼻咽喉科の医師に診察を受けたとき「小さい声帯ですね。きっとソプラノに向いているのではないですか？」とアドバイスを受けました。彼女は迷ってしまいます。さて、彼女はどちらを信じたらよいのでしょう？

医師の立場からは医師に軍配をあげたいところなのですが、残念ながら、今の診療器具で正確にパートを推定するのは不可能です。

ところで、声帯を見てどうしてパートが推定できるのでしょうか。比較として、楽器のパートを考えてみましょう。コントラバスの弦は太く長く質量（重さ）が大きいので、低いパートとなっています。一方でヴァイオリンの弦は、コントラバスに比べると細く短く質量が小さいので、高いパートを担当しています。声帯を楽器と考えると、声帯の重さがパートに最も関係すると思われます。つまり、声帯が長くて幅が厚ければ、当然声帯全体の質量が大きいということになります。質量が大きい、つまり重い声帯はメゾ・ソプラノやアルトに向いているということになります。先ほどの医師は診察の際に、彼女の声帯を質量が小さい（軽い）声帯と判断したので、高いパートを担当するソプラノと判断したわけです。

ところで、耳鼻咽喉科で使用する内視鏡は精度がどんどん上がって細部までの観察が可能になっていますが、残念ながら声帯の長さを正確に測ったり、重さを推定する機能はありません。声帯に近づいて観察すれば声帯は大きく見えますが、離れると小さく見えます。声帯から内視鏡までの距離を計算して声帯の実測値を計算できる器具はまだありませんので、医師の印象だけでは不正確といえます。

技術的ヴォイス・チェンジの音を見定める

では、先の女性は声楽の先生の意見に従ってパートを決めたらよいのでしょうか？実は、この声楽の先生のアドバイスも正確さに不安があるというのが結論です。声の音色を含めた、「指導者の勘」でパートを決めることは正しいのでしょうか？この問題について、私たちは一つの提案をします。それが「ヴォイス・チェンジの音でパートを決める」という提案です。それでは実際のパートを考えていきましょう。

❷女声の正しいパートの決め方

日本人にアルトはまれ

中音域から高音域にかけて レ♭ーレーミ♭ーミーファーファ♯の音域を発声してみましょう。

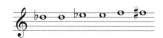

ヴォイス・チェンジが F（ファ）であれば、あなたはソプラノ。Es（ミ♭）であれば、あなたはメゾ・ソプラノ。ミだった人は、ソプラノなら少し声の重たい人、メゾ・ソプラノなら声の少し軽めの人の可能性があります。P34からを参考に、注意深く見極めながら学んでいきましょう。Des（レ♭）であれば、あなたはアルトであると思ってよいでしょう。著者の経験では、この法則で8割の方のパートを判断でき、そして日本人にアルトは極めてまれです。

のどの故障を起こさないためには

身体の大きさと声帯の大きさが大体比例すると考えれば、イラスト❹のような、背が低くとても華奢な感じの方が「声質がアルトだから合唱ではアルト・パートをお願いします」と言われたとき、ちょっとその提案の返事を保留してほしいのです。身体つきから考えれば、おそらく声帯は小さいと思われますから、ヴォイス・チェンジの音は F（ファ）あたりにあるはずです。もしそうだったら「私は高い声が出ますので、ソプラノにしてください」とお返事されたほうが、のどの故障は起きづらくなります。合唱の場合は、その場にいる人の割合でパートを決めざるをえないことも多いのですが、心にとめておいてください。

❹の人の声帯　　❺の人の声帯

Step2：自分の本当の声域を知る●31

❸男声の正しいパートの決め方

テノールとバリトンを好みで決めない

パートの決め方については、男性も女性と同じことが言えます。テノールである場合、中音域から高音域にかけてのチェンジの音は、おおむねF（ファ）になります。

次にバリトンである場合、チェンジの音はおおむねEs（ミ♭）になります。そしてバスである場合、チェンジの音はおおむねDes（レ♭）になります。ゆっくり自分の声と相談して下さい。指導者の判断を仰ぐことも必要です。また自分の好みで声種を決めるのはよくありません。

実際の演奏上のヴォイス・チェンジは動く

以上のヴォイス・チェンジの音のゾーンは、人によって違います。また男声女声どのパートの人も、実際の歌唱の中では、曲やフレーズの方向性、調性や音階、表現によって、このヴォイス・チェンジの音を意識的に微妙にずらして歌い分けるのは必要な技術です。同じ音でも、表現によって明るく、または暗く歌い分ける必要も出てきます。場合によっては表現上チェンジをせずに、最後まで歌い切ってしまうこともあります。

ソプラノなのかメゾなのか？ それが問題だ！
メゾ・ソプラノ・アクートの例
・・・

　高い音、例えば **H**（シ）などの音が楽に出る人は、一見ソプラノのように思えますが、注意して観察して誘導すると、チェンジの音が **Es**（ミ♭）の人がいます。高い声が出るからといってソプラノと決めつけないほうがいいことがあります。このような声種を「メゾ・ソプラノ・アクート」と呼び、稀な声と言えます。

　その反対に、ソプラノで低い音に響きの豊かな人もいます。低い声で響きがよい、声全体の質がアルトのような深みのある声だからといって、パートを即断するのは気をつけましょう。

　ある先生に「あなたはメゾ・ソプラノだ」と言われて、ずっと低い声用の曲ばかりを歌っている方がレッスンに来られたことがありました。ところがしばらく声を聴いていると、私にはどうしてもコロラトゥーラ（高い声で技巧的な曲を歌うソプラノ）の声にしか聞こえなかったのです。そこで私は思いきって高い声を必要とする歌を歌ってもらうことにしました。すると、みごとに彼女はそれを歌いきったではありませんか。その方は音色的には暗めの声の持ち主でしたので、その先生は声が暗いという印象で、彼女のパートを決めていたのでしょう。P30・31で解説しましたようにパートは声質で決めるのではなく、声のチェンジがどの音なのかで決めるものなのです。声の印象や音色で声種を決めるようなことは、歌い手の活躍の場をせばめてしまうことにもなりかねず、のどの健康のためにも避けたいものです。

トスティの歌曲で
自分の本当の声域を確かめてみよう！
右ページの4小節を歌ってみよう！

3曲とも必ずしも歌詞じゃなくて、母音で歌ってもいいよ！

Malia
魅惑

作曲：フランチェスコ・パオロ・トスティ
作詞：ロッコ・E.・パリアーラ

Co-sa c'e-ra ne'l fior che m'hai da - to? for-se un

fil-tro, un ar - ca-no po - ter! Ne'l toc - car-lo, 'l mio

パートを判定するための技術的ヴォイス・チェンジの音を鍵盤で見ると…

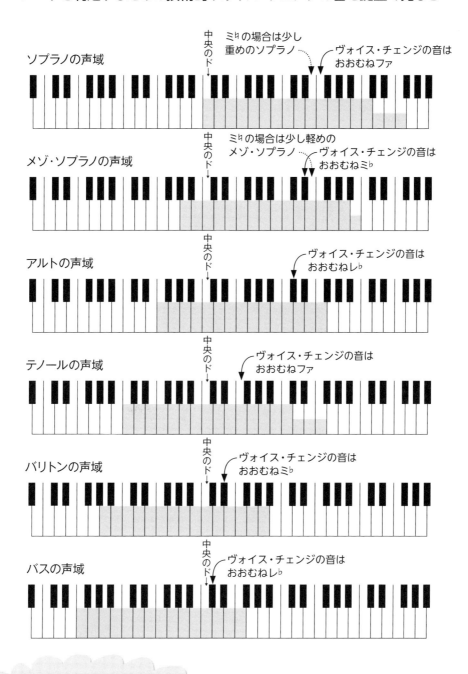

左ページの囲んだフレーズが楽に歌えるようであれば、ほぼソプラノまたはテノールです。ただしミ♮の音はとても微妙で、ヴォイス・チェンジの代表的な音ですから、この音が楽に出る人も、注意深く練習しましょう！

もしこのフレーズが楽に歌えないようであれば、あなたはかなりの確率で、女声ならメゾ・ソプラノ、男声ならバリトンです。

トスティ3曲を全部歌ってパートを判定していくよ！

あなたの声のパート判定チャート

トスティ《Malia》
35〜37小節め〜3つのミ♭(Es)の音は楽に歌えましたか？

楽に歌える	わからない	苦しい
あなたは女性ならソプラノ男性ならテノールの可能性があります	あなたは女性ならメゾ・ソプラノ(アルト)男性ならバリトン(バス)の可能性があります	あなたは女性ならアルト男性ならバスの可能性があります

《Ancora!》を歌ってみましょう。
4段め14小節めからのミ♮(E)を楽に歌えますか？

楽に歌える	何とか歌える	苦しい
あなたはかなりの確率で女性ならソプラノ男性ならテノールです	あなたはかなりの確率で女性ならメゾ・ソプラノ男性ならバリトンです	あなたはかなりの確率で女性ならアルト男性ならバスです

念のため《Segreto》も歌ってみよう！
フレーズ①②③を楽に歌えますか？

楽に歌える	苦しい	苦しい
あなたは女性ならソプラノ確定！男性ならテノール確定！	あなたは女性ならメゾ・ソプラノ確定！男性ならバリトン確定！	あなたは女性ならアルト確定！男性ならバス確定！

《Ancora!》と《Segreto》に出てきたミ♮は技術的ヴォイス・チェンジの代表的な音だから、いつも注意深く練習してね。

40 ●Step2：自分の本当の声域を知る

Step 3

母音を楽に歌う

❶母音のかたち

　母音「i」「e」「a」「o」「u」で歌っているところを、横からのMRI写真で撮影し、そのときの舌の様子をイラストに起こすと以下のようになります。歌の言葉によって、各母音の舌の位置が変わっていくところに注目してみましょう。

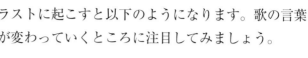

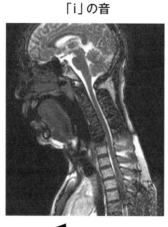
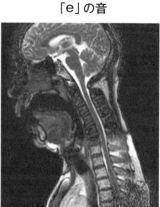

※MRI画像は寝た姿勢で撮影するため、実際の歌唱時より舌根が後ろになっています。

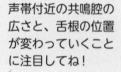
前舌母音

声帯付近の共鳴腔の広さと、舌根の位置が変わっていくことに注目してね！

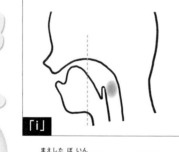
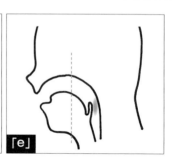

前舌母音グループ「i」「e」

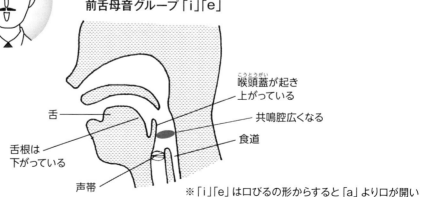

※「i」「e」は口びるの形からすると「a」より口が開いていないので、一般にのどが狭くなるイメージがありますが、実は共鳴腔の一部が広くなっています。日本語の話し言葉の「イ」「エ」もほぼ同様です。

「a」の音　　　　　　　「o」の音　　　　　　　「u」の音

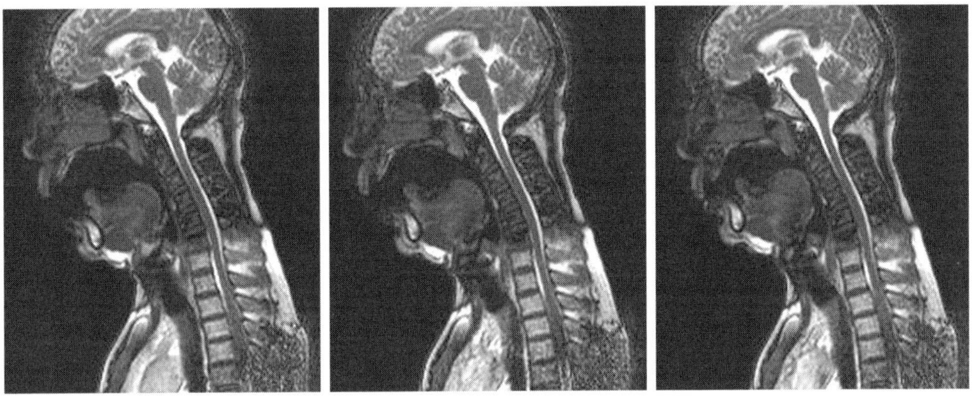

中間の広さ（中舌母音）　　　　　　　　　　　　後舌母音

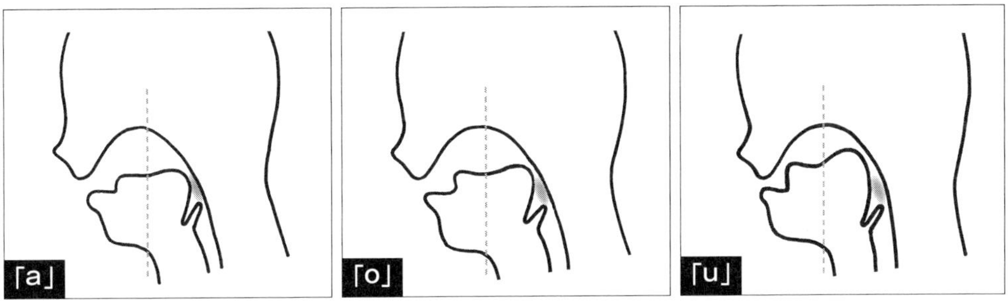

「a」　　　　　　　　「o」　　　　　　　　「u」

「a」はどちらかとい
うと後舌母音だけど、
中間の広さだよ！

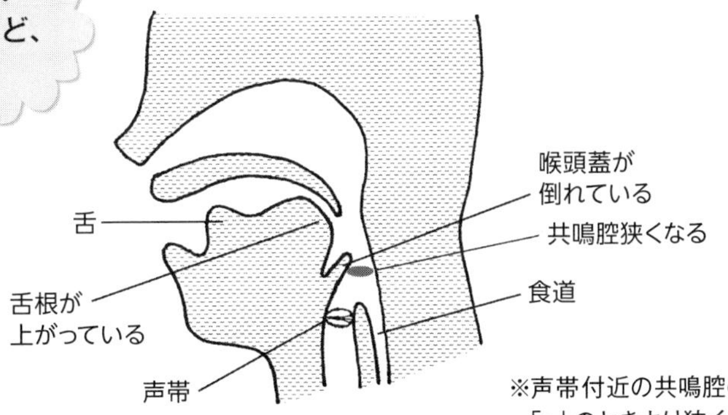

後舌母音グループ「a」「o」「u」

舌

喉頭蓋が
倒れている

共鳴腔狭くなる

舌根が
上がっている

食道

声帯

※声帯付近の共鳴腔の一部が「i」
「e」のときより狭くなっています。

Step3：母音を楽に歌う● 43

❷母音の意外な広さ

**発音しやすい母音と
しにくい母音の違いは？**

　母音によって発声しやすかったりしにくかったりするのはなぜでしょうか。
　まず、母音によって口から奥の喉頭に至るまでのいわゆる「声道」がどのようになっているか、前ページのMRI画像を見ながら考えてみましょう。この本では歌うときの母音の発音をローマ字で、一般的な日本語の話し言葉の母音をカタカナで表すことにします。

　例えば「i」の母音が、他の母音に比べて非常に特徴があるのどの形をしているのに気が付かれたことと思います。日本語の話し言葉の「イ」の発声は口を横に「きっ」と細く開きますよね？　P42のMRI画像で見るように、そのとき発声する声の出口である唇付近は、決して広くありません。ところが前ページの歌う「i」の母音の、ずっと奥の喉頭の部分に注目してみてください。他のどの母音より喉頭が広くなっています。「i」も「イ」も「前舌母音」といって、舌の前の部分がその上にあたる硬口蓋に近づいて発声する母音の代表ですが、その様子がよくわかります。

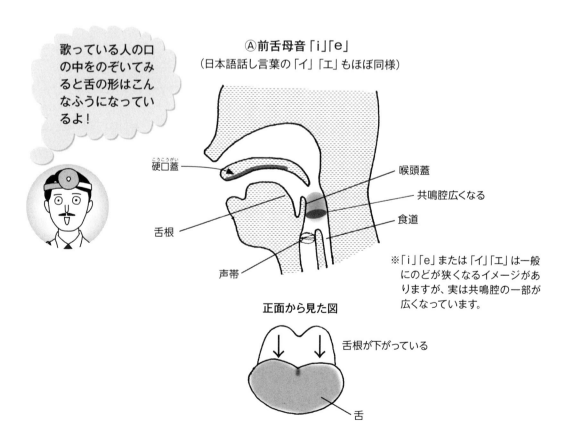

44 ●Step3：母音を楽に歌う

さらに、左の図Ⓐで注目していただきたいのは、「i」または「イ」は舌の前の部分が高く、逆に後ろの部分は極端に下がって舌根が非常に低い位置に保たれるので、喉頭蓋は立って起き上がり、喉頭（のどの奥）が非常に広くなります。一方、図Ⓑは「後舌母音」といって舌の前の部分が低く、舌の後ろの部分が高い位置となります。このとき喉頭蓋は倒れる状態となり、喉頭が狭くなります。

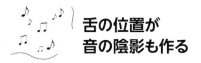

舌の位置が音の陰影も作る

　母音の舌の位置は言語によって差がありますが、「i」「e」または「イ」「エ」は明らかに前舌母音のグループ、「o」「u」または「オ」「ウ」は明らかに後舌母音のグループにあたります。前舌はのどがあき、後舌はのどがせまくなります。フランス語などでは「a」の舌の位置が2種類あり、発音記号でいうと、前舌母音のグループの「a」は【a】であらわされ、後舌母音のグループの「a」は【ɑ】であらわされます。実際の表現にあたっては、耳でよく聴きながら違いに気をつけてみましょう。

　「a」「ア」の音は、どちらかというと発声によって前舌とも後舌とも意識的に発声できる音です。明るい「a」の音には条件があって、喉頭が下りていることが特徴です。言語によってその違いが言葉の陰影になります。正確にいうと他の母音でもそれは起こります。後舌母音に近い「a」を発声するとき、音色は明るくなりますが、喉頭が上がりがちで、のど詰め発声になることが多いので、喉頭を下げて歌う意識が必要です。

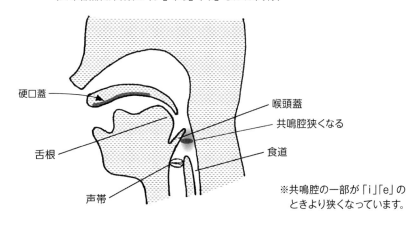

Ⓑ後舌母音「a」「o」「u」
（日本語話し言葉の「ア」「オ」「ウ」もほぼ同様）

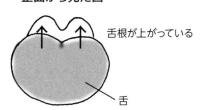

正面から見た図

Step3：母音を楽に歌う● 45

のどを開く練習は「i」の母音でできる

いわゆる「のど詰め発声」のクセのある歌手にのどを詰めずに発声する方法として、「i」の母音を意識させながら、のどを開く方法があります。ただし、「i」の発声を笑顔で（ほほを上げて）しようとすると、のど（喉頭）が上がってしまい、逆にのどを狭くしてしまう可能性もあります。

声楽的な「i」の発声は、笑顔を作らずほほの力を緩めて発声すると、のど（喉頭）が上がらずに声道を広く保って上手く発声できます。

「i」に比べて、P43の図でわかる通り「u」は「後舌母音(あとしたぼいん)」といって、舌の後の部分がその上にある軟口蓋(なんこうがい)に近づいて発する母音ですが、「i」の発声に比べて舌の後ろ（舌根）が上にせり出しますから、喉頭蓋が倒れて喉頭が狭くなっている様子がわかります。断面図を見ると「i」に比べて、喉頭からその上にかけての共鳴腔は、狭くなります。後舌母音の場合、高音域の倍音を共鳴させるのは難しいとされています。「u」の発声は気をつけましょう。

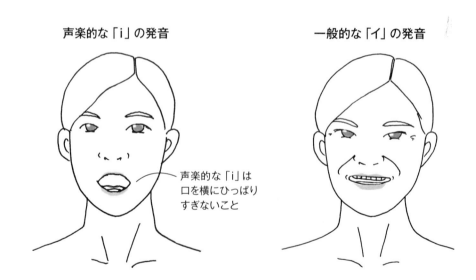

声楽的な「i」の発音　　　一般的な「イ」の発音

声楽的な「i」は口を横にひっぱりすぎないこと

❸ 母音「a」を楽に発声するために

「a」の音はほほの力を抜いて

「a」と発声することは、「口を大きく開けて発声する」から「のどがよく開いている」つまり「発声しやすい母音である」と想像されるかもしれませんが、実は「a」の発声こそ難しいと感じている歌手が多いのです。ではなぜでしょうか？ 普通に「ア」と発声してみると、ほほに力が入ると思います。特に明るい音色で「ア」と発声しようとすると、一般的にほほに力が入りがちです。舌根に力が入って喉頭蓋が後ろに倒れてしまい、のどの奥が開きにくい状態になるのです。

では、「a」が楽に発声できる方法とはどんな方法でしょうか。ほほの筋肉を緩め、ぼんやりとした感じで口を縦に開けます。「ア」と「オ」の中間位に開ける感じで、のどの奥の方で「a」と発音してみて下さい。広い会場でも美しく響く深みのある「a」と発声できるようになります。

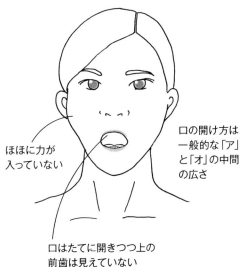

声楽的な「a」の発音
- ほほに力が入っていない
- 口の開け方は一般的な「ア」と「オ」の中間の広さ
- 口はたてに開きつつ上の前歯は見えていない

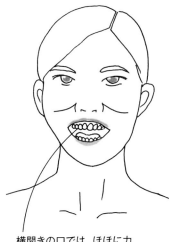

一般的な「ア」の発音
- 横開きの口では、ほほに力が入りすぎ、上の前歯が見えてしまっている

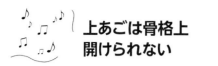

上あごは骨格上開けられない

「明るさ」「音の透明感」を求めるために、ほほの筋肉を上げるメソッドは、のどを狭くするので気をつけましょう。

「上あごをしっかり開けて」と指導されることがありますが、それを言葉通りにとってはいけません。上あごは頭蓋骨についているので、開けることのできる部分ではありません。この言葉の真意は、前歯の上の歯がよく見えるような口の開け方をしましょう、という意味なのでしょう。ただし極端にやってみると下あごが突き出た状態で、喉頭は上がり気味になり「のど詰め発声」になってしまいます。のどをしっかり開けた「a」が発声できるようになってから、明るさや透明感を求める発声を訓練してみてください。

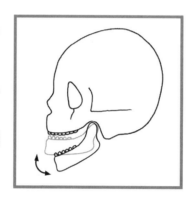

❖陥りがちな、ほほに力が入りすぎている例❖

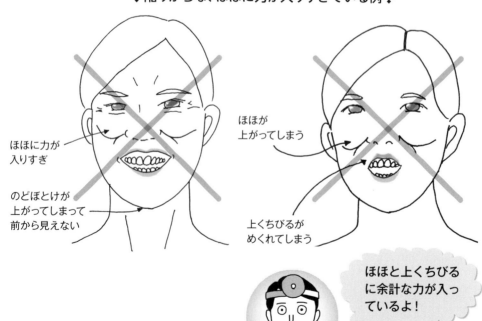

Step 4

歌う呼吸の極意

❶理想的な腹式呼吸って？

横隔膜の不思議

横隔膜は特殊な筋肉です。自分の意志でコントロールせずとも、呼吸のために自然に動く「不随意な」筋肉であるのに、意識すればコントロールできる「随意筋」としての役割もある筋肉です。そのような筋肉は身体の中で例外的です。

私たちの自然な生理的呼吸では、吸うときにエネルギーを使いますが、吐くときは省エネで、吸うときに広がった胸郭が自然に戻る力を利用しています。そのとき横隔膜は上昇するとともに自然に力がゆるみ、その下の内臓も一緒に上昇していきます。

一方、歌う呼吸の場合は、吐くときの横隔膜が自然に力がゆるんではブレスが続きません。**「歌う」ということは、横隔膜を随意に使う、ということなのです。**

以下の図は生理的な呼吸と、歌うときの呼吸の比較です。

息を吸うときは横隔膜に力が入って内臓を押し下げるからエネルギーが必要だよ。

同時に肋間筋のはたらきで胸郭を広げて息を吸うので、息を吸うことは、能動的な動きなんだ！

この連続が呼吸だよ！

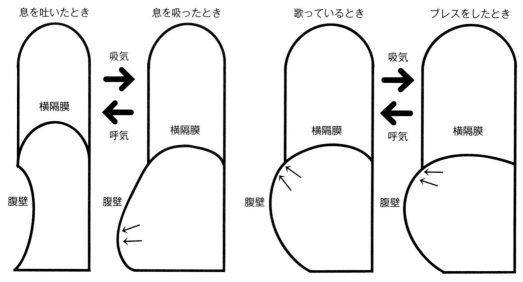

息はどう吸えば歌いやすいの？

私たちが歌うとき、息は可能な限り吸ってから、発声したほうがよいのでしょうか？　それとも吸いすぎては歌いにくいのでしょうか？

わたしたちは通常より息をたくさん吸おうとすると、胸骨と鎖骨が上昇する、いわゆる胸式呼吸となります。胸式呼吸をすると、息をたくさん吸えたように思えますが、実際は、上腹部がへこんでしまっていることが多く、呼吸が浅くなっています。これでは歌唱に適した呼吸とはいえません。

この章では、**上腹部をへこませずに歌唱を支えるための深い呼吸**ができるようになる、正しい腹式呼吸を身につけていきます。そのポイントは、みぞおちの使い方にあります。次ページのメソッドで上腹部の運動のコツをつかんでいきましょう。

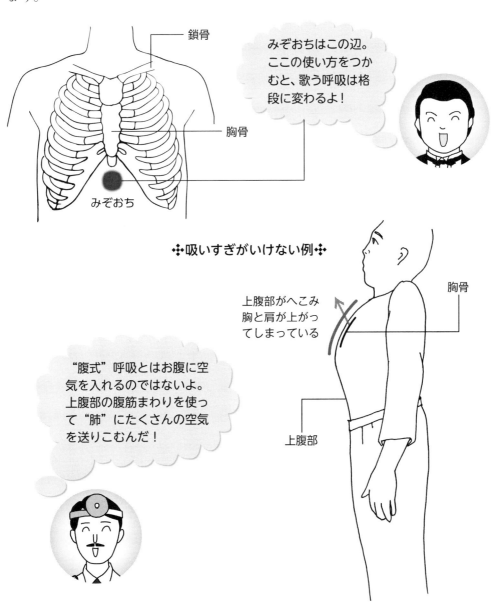

Step4：歌う呼吸の極意

♬ ATONOメソッド③ ♬♬♬♬♬♬♬♬♬♬

これで息もれなし！
腹式呼吸は上腹部の
運動で制覇する!!

～みぞおちを上手く使うと変わる！ 2つの訓練法

❶ 横隔膜そのものを強くするトレーニング

まずは出だし一音！のための呼吸をマスター

　まずは出だしの一音が、いい声になるためのトレーニングです。このトレーニングで横隔膜を支える力がしっかりしてくると、長いフレーズが苦もなく歌えるようになります。

①最初は呼吸のみで

1）まっすぐ立ち、お腹の力を抜きながら、みぞおち部分に両手の指を押し込みます。

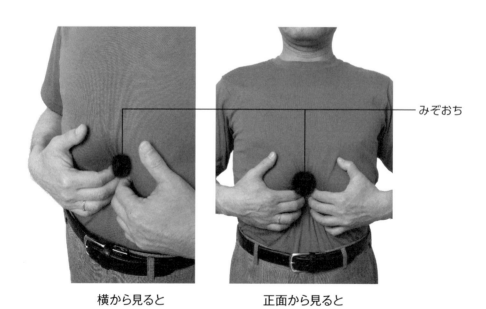

横から見ると　　　正面から見ると

2）めいっぱい押し込んだら、軽く咳をしてみます。上腹部がポン！と跳ね返ってくると思いますが、その感覚を覚えておきます。

3）咳の代わりに、瞬間的に「フッ!!」と息を吐きます。咳をしているときと同じくらいの圧力ではね返せるようトレーニングします。

1）の状態で3）を20回×1日3回続けよう！ 横隔膜の運動能力が高まるよ。

咳をすると息が出るにもかかわらず、みぞおちが外に出る動きを確認するトレーニングだよ。

咳をしながらの練習は、やりすぎると、のどを痛めることがあるから気をつけてね！

②声も出しながら

4）3）のように、上腹部を前に出した感覚のまま、「フッ!!」「フーッ!!」などと声を出す練習をすると、まず歌の最初の一音だけはよい声を出せるようになります。

この時、みぞおちはへこまないようにね。

5）4）ができたら母音で少し長めのフレーズを歌ってみましょう。出だしの音が大切です。最初の音を出したときの、みぞおちの状態を保ったまま声を出す練習を積み重ねて、横隔膜が声を支える力がしっかりしてくると、長いフレーズでも苦もなく歌えるようになります。声を出すときに横隔膜が急に上昇せず、吸った息を大事に少しずつ吐くので息が長く続き、胸も固くなりません。上腹部はあくまでも前に大きく広がり、決してへこまないように歌うよう心がけます。

❷ 上腹囲を保ちながら細く長く息を使うトレーニング

①最初は息のみで

1）まず「みぞおち」あたりの腹部を膨らませながら、息を吸います。
　　次にみぞおちの高さと同じ位置の、脇の肋骨を左右に広げながら、息を吸います。

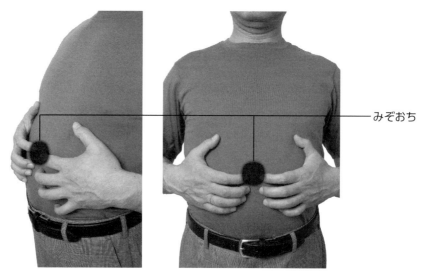

横から見ると　　　　正面から見ると

2）1）ができるようになったら、みぞおちを前に、肋骨を左右に同時にふくらませながら息を吸います。その時、胸骨（胸の正中部）が上下しないように気をつけましょう。胸骨が動くと、いわゆる胸式呼吸となり、歌うときの自由度が下がる呼吸となります。

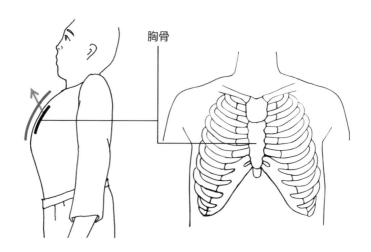

3）2）ができるようになったら、ゆっくりと息を吐く練習に移ります。上腹部がへこまないように注意しながら、ゆっくりと息を吐きます。上腹部がすぐにへこむと横隔膜が急に上がってしまい、ブレス・コントロールはむずかしくなりますから、30秒以上を目標に、腹囲を保ちながら細く息を吐く練習をして下さい。

1）～3）ができてから、以下へ進みます。

②声も出しながら

4）歌うときにも、上腹部がへこまないように練習します。最初は「フッ」あるいは「フー」などと言いながら、短い音で練習を始めます。

5）少し長めの音を出しても上腹部がへこまないようになったら、「フ——ッ」となるべく長く音を出せる練習をしましょう。

繰り返し練習して、横隔膜をコントロールする力がつくと、音がたくさん動くような難しいフレーズでも自在に歌いやすくなるよ！

名歌手たちのお腹まわりをインターネット動画やDVDなどで、よく観察してみよう。

ソプラノならエヴァ・メイやグルベローヴァ、テノールならパヴァロッティ、バリトンならカプッチッリなど、お腹がほとんど動いていないように見えるよ。

★横隔膜コントロール度テスト★

あなたが横隔膜を理想的に動かしているかチェックしよう！

・・・

①まず手のひらをみぞおちの上（あるいはみぞおちより5cm程度下部）に当てて、その部分がへこまないように、意識しながら自分の出しやすい高さの声で何秒声が出るか発声してみてください。

②次に、同じようにみぞおちの上に手を当てながら、その部分が次第にへこむように発声してみてください。

①より②が長くなった人

横隔膜の使い方に課題あり。スタートへ戻る。

Step4のATONOメソッド❸からもう一度！

②より①が長くなった人

素晴らしい！

Step4のATONOメソッドを毎日実践しましょう。

❷腹式呼吸にもいろいろ

**お腹のどこを使うか？
それが問題だ！**

　この本では腹式呼吸を、3タイプに分けて説明します。通常の生活においての腹式呼吸は、腹部のおへそあたりを中心にして行われますが、これを中腹式呼吸と呼ぶことにします。おへそより下の下腹部を使っての呼吸を、下腹式呼吸と呼ぶことにします。

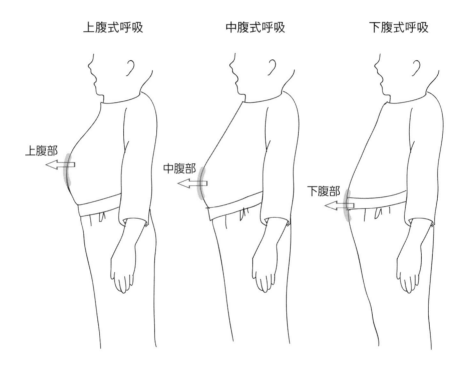

　この本では、**歌唱のためには上腹式呼吸を提唱**しています。これは文字通り上腹部を使って横隔膜をコントロールしようとするものです。
　そもそも呼吸を支える横隔膜は、本来意識せずに動いている「不随意な」筋肉なのに、自分の意志で「随意に」コントロールもできる特殊な筋肉であることは、この章の最初で述べました。長いフレーズを豊かな声量で歌うには、横隔膜の安定度を高めることが必要不可欠です。
　次のページでは、実際に上腹式呼吸で発声しているときのMRI画像で、横隔膜がどのような動きになっているかを見ていただきます。

MRI画像で横隔膜の動きを見てみよう！

上腹部の腹囲が最大限に保たれていることがわかるかな？画像は身体の左側面からボクを撮影したんだよ！

上腹式呼吸での発声を撮影したMRI画像

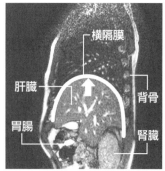

①息を吸い始める前。
横隔膜は上昇し、ゆるんでいる。

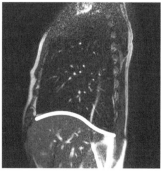

②母音「a」を出し始めた1秒後。
横隔膜が下がり、上腹囲は最大限広がった状態での発声。横隔膜が最も緊張した状態。

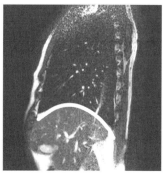

③母音「a」の発声3秒後。
肺の中の空気が出始めて横隔膜がゆるみ戻りつつあるが、腹囲は保たれたまま。

発声後、横隔膜を意識的にゆっくりゆるめていく

主役は横隔膜で！ロングトーンのための最強の筋肉

　MRI画像①の状態は、安静呼吸で横隔膜がゆるんでいる状態です。②の状態は、歌い始めるために横隔膜を緊張させて吸気を行ない、その後、歌唱のための呼気を始めたときの状態です。このとき、P52～55のメソッドで呼気をしていくと横隔膜は最大限に下がり、②の状態から発声を始めることができます。③の状態は、その発声が始まった後の状態です。

　横隔膜は筋肉でできていて、力が入っているときは腹腔内の臓器を下に押し下げ、肺の容積を大きく保っていますが、この力をゆるめることにより、腹腔内の臓器は自然に上に移動します。横隔膜が一気にゆるむと臓器も連動して上昇するので、呼気が一気に行われてブレスも短く終わってしまいます。そこで、③→④→⑤→⑥のように横隔膜を一気にゆるめないよう力を保ち続けると、ブレスが長く保たれるわけです。③→④→⑤→⑥の状態で歌唱の呼気を続けていくと、横隔

横隔膜がお腹の臓器の上昇を必死に押さえているようすがわかるかな?

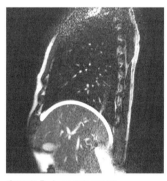

④母音「a」の発声8秒後。
腹囲はできるだけ保たれている。

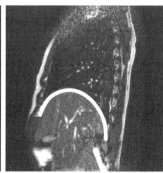

⑤母音「a」の発声10秒後。

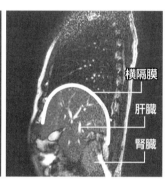

⑥母音「a」の発声15秒後。
横隔膜がゆるんでも、腹囲はまだできるだけ保たれている。

（腹囲はできるだけ保たれている）→

膜の緊張は次第にゆるみ、上昇していきます。この本のメソッドにより歌っていただくと、そのとき横隔膜の上昇は最小限に抑えられ、腹囲が保たれていることがおわかりいただけると思います。

上腹囲を保つ呼吸のしくみは？

上腹部の腹囲を保つ呼吸は、横隔膜を一気にゆるませないようにコントロールできる、とても有効な方法です。横隔膜の緊張を保つ歌唱法は、スウェーデンの著名な音響音声学者ヨハン・スンドベリの著書*でも紹介され、横隔膜の筋電図の測定を行って実証しています。この本では横隔膜の筋電図の測定は行いませんが、MRIの画像から横隔膜の状態を類推することができますね。

＊参考：ヨハン・スンドベリ『歌声の科学』（東京電機大学出版局刊）

呼吸にかかわる他の筋肉と横隔膜の力関係

息を吐くためには、さまざまな筋肉が使われています。その一つが横隔膜であり、他にもお腹まわりの上腹直筋や上腹斜筋、肋間筋などがかかわっています。横隔膜をコントロールできない人は、自然に任せた呼気により発声していて、その場合は横隔膜以外のそれら筋肉が使われて呼気をしています。一方、**横隔膜をコントロールできる人は、ほかの筋肉のはたらきは最小限にし、横隔膜そのものの力を最大限に生かして呼気**をします。

歌う人の時間経過でいえば、一定の長さの声を出した場合、歌唱発声の息をコントロールできる人は、フレーズの始まりから終わるぎりぎりまで、横隔膜を使って呼気をしています。横隔膜を自在に使えない人は、歌唱発声の最初の瞬間だけ横隔膜を使うものの、次第にその力が弱まり、お腹まわりの他の筋肉に助けてもらって呼気をしているのです。

ろうそくテストをご存知ですか？
〜息がもれるって？

古くから知られる「ろうそくテスト」というのを、ご存じですか？

この方法では、発声する人が、十数センチほど前方のろうそくの火が揺れないように息を出すと、正しい発声とされていました。現代では「ろうそくの火」より、もっと科学的に息の流れを見ることができます。

かつて、共著者・後野がNHKのTV番組に出演したとき、「現代版ろうそくテスト」に挑戦したことがありました。「シュリーレン撮影法」という特殊なカメラで、発声するときの呼気の流れを測定したのです。すると普段、声のトレーニングをしていない人が発声すると、呼気が大量に大きな流れで口元から激しく不規則に出てくるのが観察されたのに比べ、後野の呼気は、少量ずつ一定の割合で規則正しい様子が観察されました。

つまり、横隔膜をコントロールして支えのある呼気で発声すると、
①呼気が一定になり、少量ずつ排出される。
②発声時に左右の声帯の間で無駄な「息もれ」がなく、呼気が効率よく音声に変換されている。以上の2つの事実が、このテストで証明されています。

声の悩みQ&A

語るように自然に歌うとは？

Q 私は「ふつうに話をするように、いつも通りに呼吸をして自然に歌えばよい」と指導されてきましたので、自然に力まずに歌うのは正しいと思ってきましたが、なかなか思うように歌えません。語るように歌いながらフレーズを上手く歌うことは両立できませんか？

A 「自然に歌う」ということが何を意味するのかは、音楽のジャンルの違いによるかもしれません。「語り」と変わらないような発声で歌う場合は、それでもよいでしょう。しかしもしも、マイクを使わずに遠くに声を届けたい歌唱なら、長いフレーズを歌うには、瞬間的にブレスをした後に横隔膜のコントロールが安定していることが何より大切です。かつ声を遠くに届けたいときには語るような浅い呼吸ではむずかしく、豊かな声量も望めません。P52〜55の練習で、横隔膜の動きを実感してみてください。横隔膜を自在に動かせるようになってから、得たいフレーズ感や表現を求める方が、結果的に自由度は上がりますよ。

やってはいけない腹式呼吸
～ヨガの呼吸は歌には使えない？

> 横隔膜を速く動かすと息がすぐなくなっちゃうよ！

　腹式呼吸の生理的な働きは、横隔膜を主に動かして肺の容積を変化させる呼吸法です。息を吸うとき、筋肉でできている横隔膜には、力が入って縮みながら腹部臓器を下方に押し下げ、肺を広げます。声を出すときは、横隔膜の力が抜けてゆるむので、押し下げられた腹部臓器が元に戻りながら肺を元のサイズに戻して行きます。

　声を出すときは「お腹をへこませながら行う」と理解している方にとって、「お腹を膨らませたまま声を出しなさい」というのは反対では？と思うかもしれません。ヨガや東洋医学、武道などでは、おへその下（丹田）を意識して呼吸する丹田呼吸法を実践される方は多いでしょう。しかしながら丹田呼吸法を、歌唱時の呼吸に応用しようとして、のどが狭くなり、呼吸をコントロールできずに失敗する方をよく見かけます。横隔膜をゆるませながら呼気をする動作のコントロールがむずかしいのでしょう。

　また中腹部をふくらませて息を吸い、歌唱時に勢いよく腹筋を動かし、上腹部までもへこませて歌おうとする人、さらに胸部も上下させながら歌う人もいます。そうした横隔膜を急激に上昇させながらの歌唱では、息が早くなくなってしまいます。瞬発力だけが必要な歌ならそれでもよさそうですが、長いフレーズや、なめらかに歌う時には向きません。身体の正中部である胸骨が上下しないように呼吸をしましょう。上腹式呼吸はお腹をへこませないことにより、横隔膜のコントロールをたやすくします。熟練には時間が必要ですが、根気よく取り組むと表現の幅が広がりますよ！

❖声量が出ず、長いフレーズも歌えない代表的な2つの姿勢❖

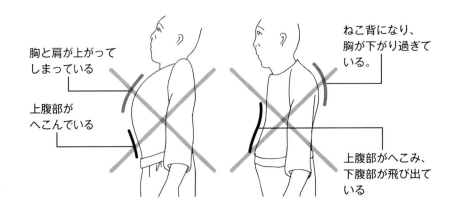

- 胸と肩が上がってしまっている
- 上腹部がへこんでいる
- ねこ背になり、胸が下がり過ぎている。
- 上腹部がへこみ、下腹部が飛び出ている

腹式呼吸の科学

ここはちょっと上級編だよ！

　P58・59の腹式呼吸をしているMRI画像を解析してみると、息を吸って歌唱を始めようとするとき、横隔膜に収縮の力が働き、横隔膜が安静呼吸時よりも下方に動いて内臓を押し下げます。その押し下げた位置からは平盤状の形状を保ったままに、歌唱に伴って少しずつ上昇するので、発声の最中は、横隔膜に常に一定の力が加わっていることが考えられます。一般の訓練されていない人の横隔膜は、「ゆるんだ状態」の「逆さボウル型」の形状のまま下がっていきます。

　P59で紹介したヨハン・スンドベリは、その著書『歌声の科学』で「ある歌手は長いフレーズを母音で発声するとき、フレーズの最初から最後まで横隔膜の活動が認められ、さらに高い声門下圧＊で発声するときに横隔膜の活動が増加した」と述べています。

　この歌手については、「腹筋が、強すぎる声門下圧をかけようとした時に、横隔膜は逆の働きとして声門下圧をゆるめるような吸気動作をして、急激な呼気を抑制するような調節をする」と書かれています。さらには「腹筋に力がかかるときに横隔膜にも活動が起きるということは、両者に同時に力が入るということである。呼気筋の腹筋と吸気筋の横隔膜に同時に力が入ることによって、内臓の動きを抑える。つまり声門下圧を急激に変化させないようにする」という内容で書かれています。

　要するに、スンドベリは腹筋を呼気筋と定義しているので、乱暴な発声をしようとして強い呼気の圧力をかけようとした際、腹筋が強く収縮しますが、この呼気を和らげるために、吸気に働く横隔膜が同時に収縮して、声門にかける負担を減らすという意味と理解できます。

　上腹式呼吸を使って発声すると「発声中に力が抜けた感覚になる」ように感じるかもしれません。あるいは、呼気筋の腹筋と吸気のための筋肉が拮抗して、力のバランスが取れると、両者の筋肉に力が入っているにもかかわらず、あたかも力が抜けたように感じるのかもしれないと考えます。またスンドベリは、**「この発声をする人は、"のど詰め発声"から遠ざかり、しかも声門の閉鎖期が長くなり、息もれ発声にもならず、声のコントロールがより安定する」**と述べています。

　この本で提唱する呼吸法は、今まで常識とされていた腹式呼吸の定義と違う印象をもたれた方もいらっしゃるかもしれませんが、喉頭のアクションにまで影響して、のど詰め発声の矯正として有用である可能性が、ここでも裏付けられていると考えてよいでしょう。

＊声門下圧…声帯の下の気管側から声帯に向かってかかる圧力。

さあ！歌う準備はできていますか？
これで決まり★よい声を出すためのチェック・シート

❶あごは斜め後ろに開いて歌えますか？
　　Yesは❷へ進む ⇒ NoはStep5へ進む！

　すべての母音で、あごは斜め後ろに開くよう保ちましょう。母音で歌う場合は、音程が変わる度に、あごの開け方が変わらないよう注意します。

❶ができると
❷ができるよ
うになるよ！

❷重心はかかとにかかっていますか？
　　Yesは❸へ進む ⇒ NoはStep5へ進む！

　あごを引きぎみにすれば、自動的に重心はかかとにかかりやすくなります。つま先重心になると、あごが前に出てのどが詰まり、声は出しにくくなりますから、注意して下さい。

❷ができると
❸ができるよ
うになるよ！

❸猫背でなく姿勢を支えていますか？
　　Yesは❹へ進む ⇒ NoはStep5へ進む！

　猫背になると胸が閉じ、腹筋全体の力が抜けて力が入らず、声をうまく出せません。少し威張った感じで胸を開いて立つと、のどが開くポジションになります。

❹息を吸った時、みぞおち中心の上腹部は前に膨らみますか？
　　Yesは❺へ進む ⇒ NoはStep4に戻る

　丹田呼吸法のように下腹部を膨らませて息を吸うと、横隔膜がぎゅっと固く縮んで下がり、歌唱には適しません。また、胸骨がせりあがるような息の吸い方も呼吸のコントロールが難しくなります。

❺声を出している時、上腹部は膨らんだまま保たれていますか？
　　Yesは❻へ進む ⇒ NoはStep4に戻る

　上腹部がへこんでしまうと横隔膜は急上昇し、声を安定的に出せなくなります。丹田呼吸法のように下腹部に力を入れて声を出すと声道が狭くなり、のどが詰まります。同時に胸骨が下がりすぎて胸郭が閉じてしまい、正しく声を出すことができません。

最後にひざも気をつけると、呼吸はもっと安定するよ。これで完璧！

❻ひざをゆるめず声を出せていますか？

　高い声を出すときなどに、一瞬ひざをゆるめる方がいます。ひざをゆるめると大腰筋がゆるんで内臓が下がり、横隔膜の張りもゆるんでしまい、ブレス・コントロールがうまくいきません。ひざはピンと張って声を出しましょう。

歌う姿勢と口の開き方の極意

❶歌うのどの開け方

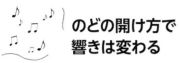
のどの開け方で響きは変わる

のどの開け方にはいくつかのパターンがあり、この本では大まかに声の出し方を「のどを狭めて声を出す方法」と「のどを広げて声を出す方法」の2通りに分けて考えます。

Ⓐのどを狭めて声を出す方法：多くの日本人の発声

一般的に、語りと同じ感覚で歌声を出すと、声が"前歯に当たる"感じになり、のどはやや上がり気味で狭くなります。世界的な音響生理学者のフレデリック・フースラーは著書*で、声の響きが身体のどこにあたるかで響きの分類を右ページの図のように試みています。本書では、多くの日本人が歌や語りで出しているような声を、フースラーの分類でいう右図のⅠ型と考えます。フースラーはそうしたⅠ型の声を"白い声（voce bianca）"として、深く丸みのある声が要求されるヨーロッパ的クラシックの声楽作品には、適さないと考えています（日本語でいう"白"の清らかで透明な印象とは違うようです）。その声を発するときは、あごが上がり気味になり、口は横に開いています。また聴覚的には浅く平たい響きの印象を与える声が出ています。

Ⓑのどを広げて声を出す方法：多くの欧米人の発声

日本人でも少ないながら、多くの欧米人のように、もともとのどを広げて声を出している人もいます。その声の響きは"胸に当たる"もしくは"首の付け根に当たる"感覚です。フースラーの分類でいうアンザッツⅡ型とⅥ型がそれぞれに相当し、深みと輝きのある丸い響きの声になります。このとき口は縦に開き、のどは下がって広くなり、あごは下方に開いて首と近づきます。クラシック以外のジャンルの、例えば能楽師や詩吟など邦楽の方も、こうした身体の使い方次第で、声を大きく変えていくことができます。

フースラーの考えた"アンザッツ（声を当てる場所）"の違いによる代表的な声質と喉頭の状態

型	Ⅰ	Ⅱ	Ⅵ
響きを当てる場所	前歯	胸骨	首のつけ根
声の質	"白い声" (平板な軽い声の意)	"深い声" (欧米人的発声)	豊かで 輝かしい声
喉頭の位置	高い	低い	さらに低い
喉頭の状態	狭い	広い	さらに広い

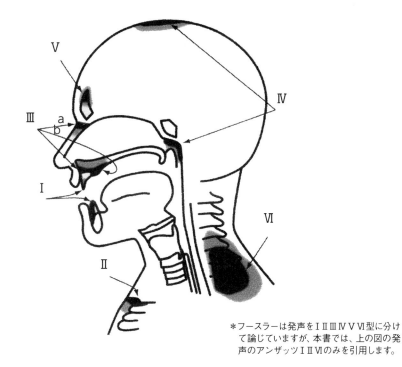

＊フースラーは発声をⅠⅡⅢⅣⅤⅥ型に分けて論じていますが、本書では、上の図の発声のアンザッツⅠⅡⅥのみを引用します。

＊参考：フースラー『うたうこと 発声器官の肉体的特質～歌声のひみつを解くかぎ』(音楽之友社刊)

> 聴覚的にはⅡとⅥの響きは逆に聞こえたりもするよ。Ⅱは声部にかかわらず、横隔膜の支えが必要な声。歌い手はⅡとⅥの音色の違いを、表現によって使い分けているよ！

> ボクの場合は、フースラーと違って、ⅥよりⅡの場所に当てる方が輝かしく深い声になるように感じているよ。

のどを狭めて声を出す方法と、広げて声を出す方法の比較だよ！

Ⓐ のどを狭めて声を出す方法
〔多くの日本人の発声：アンザッツⅠ型〕

Ⓑ のどを広げて声を出す方法
〔多くの欧米人の発声：アンザッツⅡ型〕

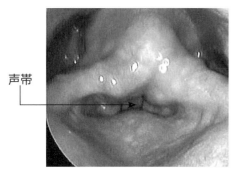

声帯

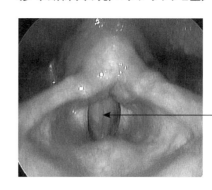

声帯

喉頭が狭い

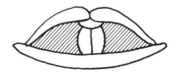

喉頭が広い

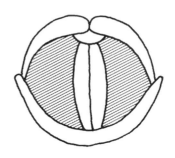

内視鏡写真を比較すると、Ⓐではのどが狭いので声帯が見えないけれど、Ⓑではのどが広いので声帯がはっきり見えるね。

上の画像と次ページのMRI画像＆イラストを併せ見ると、喉頭の高さとのどの広さの関係がわかるね！

> プロの歌手では一見、見た目の口の開きが少ない人もいるけど、のどの中はしっかり広がっているよ!

Ⓐのどを狭めて声を出す方法
〔多くの日本人の発声：アンザッツⅠ型〕

Ⓑのどを広げて声を出す方法
〔多くの欧米人の発声：アンザッツⅡ型〕

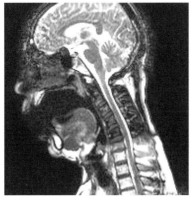

＊MRI画像は寝た状態で撮影しているので、首は前傾しています。

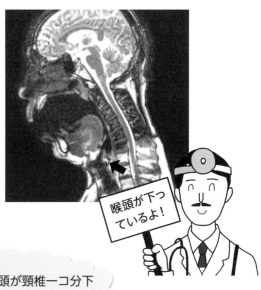

喉頭が下っているよ！

> のどを広げると喉頭が頸椎一コ分下がる。上のMRI画像の比較をわかりやすく描き換えるとこうなるよ！

喉頭の位置が高い　　　　　　喉頭の位置が低い

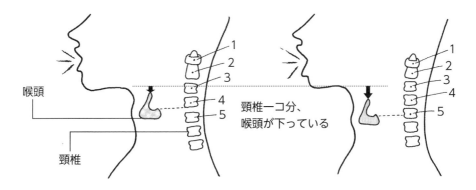

喉頭／頸椎／頸椎一コ分、喉頭が下っている

※左ページの内視鏡写真と右ページのMRI画像は同一人物です。

✦✦✦✦✦ 声の悩みQ&A ✦✦✦✦✦

顔の筋肉には余計な力を入れずに歌おう

Q 高い声を出すときに、額にしわを寄せて目を見開くよう指導されてきましたが、自分の顔を鏡で見ながら歌うと目も上を向いてしまい、おかしくて笑ってしまいそうです。

お答えします！

A 確かに滑稽で、そういう方もよく見かけます。額にしわを寄せると目も上を向いてしまいそうです。そのように歌唱する方は、おそらく「声を頭に響かせて」「響きを落とさないように」といった注意を受け、その表情になってしまったのかもしれません。誰でも額にしわをよせることはできそうですが、もし歌唱時にそれで正しい声が出せるなら、誰でも歌手になれそうです。しかし特殊なキャラクターの役を除いて、一流歌手がそのような表情で歌わなければよい声が出ないという例はありませんし、それが正しい発声に役にたつ根拠は考えられません。顔の筋肉には、なるべく余計な力を入れずに声を出す練習をしましょう。

黒眼が上向きになる

顔のしわは声の響きに関係ないよ。カッコよく歌おう！

❷高い声と低い声のしくみ

声は胸に当てる？高い声を出すには

ここで、P67で表にした「アンザッツ（Ansatz）」という考え方を、もう少し紹介しておきます。アンザッツとは、音が出た瞬間、自分の声の響きを感じる場所、という意味で使われています。

例えば中〜低音域の声を出すときは、P67の図中の「アンザッツⅡ型（自分の声を胸に感じて発声）」で歌えても、高い声を出すときは「アンザッツⅠ型（自分の声を前歯または唇に感じて発声）」になりがちな人が多く見受けられます。高い声を出すときは声の位置を上に感じてしまいがちだからでしょう。

実際にクラシックのベルカント発声のヴォイス・トレーナーであっても、高音域を出すときにアンザッツⅠ型であったり、P67の図のⅤの部分にあたる「額に感じて」「額から糸を引くように」とアンザッツⅤ型で指導される方もいるようです。

当てる場所は意識しなくてもいい

一方、本書では、当てる場所は常に胸の辺り（胸骨）に保つか、特に当てる場所は意識せずに発声することを提唱します。高い声を出すときも「アンザッツⅡ型」＝「自分の声を胸に感じて発声」することで、当てる場所を意識せず"のどを広く保ち、あごを引いて発声"すると柔らかく伸びやかな高音を出すことができます。というより、この発声にすると声が胸骨に"当たる"ようになりますから、次のATONOメソッドで習得しましょう。

♫ ATONOメソッド④ ♫♫♫♫♫♫♫♫♫

のどを開けて高い声を無理なく出すには
〜かかと重心で歌う練習

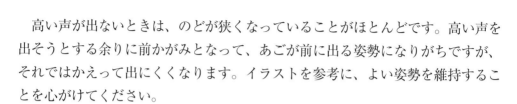

　高い声が出ないときは、のどが狭くなっていることがほとんどです。高い声を出そうとする余りに前かがみとなって、あごが前に出る姿勢になりがちですが、それではかえって出にくくなります。イラストを参考に、よい姿勢を維持することを心がけてください。

高い声を無理なく出せる姿勢

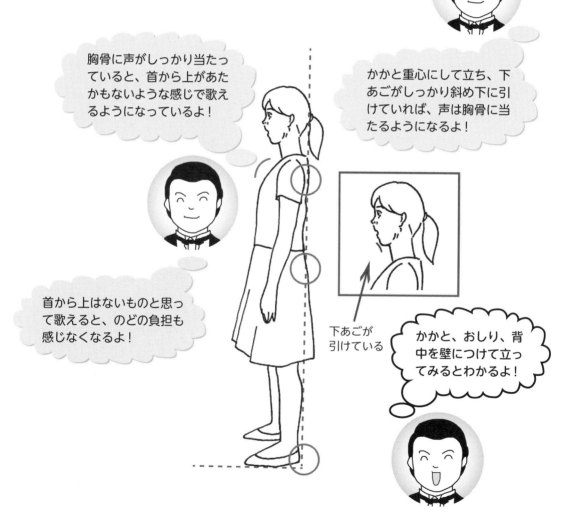

胸骨に声がしっかり当たっていると、首から上があたかもないような感じで歌えるようになっているよ！

かかと重心にして立ち、下あごがしっかり斜め下に引けていれば、声は胸骨に当たるようになるよ！

首から上はないものと思って歌えると、のどの負担も感じなくなるよ！

下あごが引けている

かかと、おしり、背中を壁につけて立ってみるとわかるよ！

♫♫♫♫♫♫♫♫♫♫♫♫♫♫♫♫♫♫♫♫

高い声を出そうする時の誤った姿勢

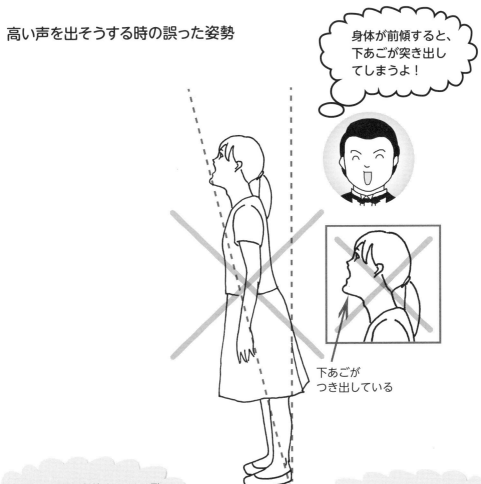

身体が前傾すると、下あごが突き出してしまうよ！

下あごがつき出している

いつも、壁に身体をつけて歌ったときの位置を思い出そう！身体が前に倒れてくると、上腹式呼吸がしにくくなって身体の支えが不安定になるよ！

声を出すときにあごが突き出ていると、のどが狭くなるんだよ。大事だから、次のページであごの位置を拡大して練習していくよ！

Step5：歌う姿勢と口の開き方の極意 ● 73

🎵 ATONOメソッド⑤ 🎵🎵🎵🎵

高い声が楽に出せる あごの開け方 Part1

前ページをあごを中心に拡大してみたよ！

　一般には誰でも高い声を出そうとすると、喉頭が自然に上がってしまいます。下の図のように、あごを斜め後ろに開けた状態を保ちながら喉頭を必要以上に上げないよう下方に維持し、正しいあごの位置を保ちながら、のどを開けた状態にすると、高い音域が楽に出るようになります。

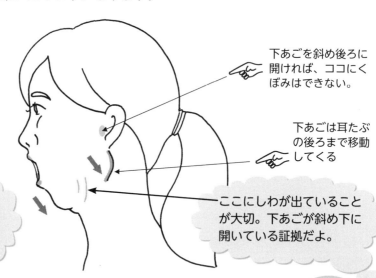

下あごを斜め後ろに開ければ、ココにくぼみはできない。

下あごは耳たぶの後ろまで移動してくる

ここにしわが出ていることが大切。下あごが斜め下に開いている証拠だよ。

下あごをつきださないでね。斜め後ろにあごを動かすと喉頭が下がりやすくなるよ！

グルベローヴァやパヴァロッティなど名歌手の動画なども見てみよう。歌っている間は二重あごだけど、我慢してね（笑）。

きれいな表情は声を出していないフレーズの合間に見せるといいよ！

高い声を出そうとしたとき、横から見て首が"くの字"になると上を向いてしまうから、下あごも突き出て高い声が上手く出ないよ！

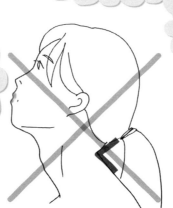

🎵🎵🎵🎵🎵🎵🎵🎵🎵🎵🎵🎵🎵🎵🎵🎵🎵

・・・・・声の悩みQ&A・・・・・
つま先重心で歌うのはいけないの？

Q 私たちが昔から習ってきた発声の姿勢は「つま先重心」でした。なぜ「かかと重心」のほうがよいのでしょうか？

お答えします！

A 「つま先重心」で歌って上手くいっている歌手も多いと思います。個人差があるので上手くいっている方に対して、本書では、それを否定しません。ただ「つま先重心」が、極端な「前重心」「前のめり姿勢」になった場合、明らかに発声に不利なことが起こるので、その解説をします。

イラスト⒜のように、私たちのすすめている「かかと重心」によって立った場合、自然にあごが斜め後ろに引かれて開くようになります。その結果、喉頭の位置は低くなり、喉頭は理想の位置に収まりやすくなります。一流の歌手が、「つま先重心」で理想の発声をしている場合は当然のことながら、あごの位置はしっかりと正しい位置にした上での「つま先重心」になっています。

イラスト⒝はコーラスで歌っている児童でよくみかける姿勢で、大人の方にもお見受けすることがあります。極端な前重心になっているとき、まっすぐに前を見ようとすると、下あごを前につき出して歌うことになります。下あごが上がった状態で発声するとき、喉頭は理想の位置より上方になり、のどの奥が狭くなってしまいます。喉頭を広く、低く保つことによって発声する方が、のどをこわすことなく安定した豊かな声で歌うのに望ましい発声なのです。

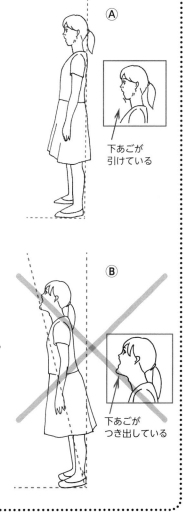

Ⓐ 下あごが引けている

Ⓑ 下あごがつき出している

♬ ATONOメソッド⑥ ♬♬♬♬♬
高い声が楽に出せる あごの開け方 Part 2

1) 指2本を縦に並べて口に入れます。
2) 下あごを押えて、あごが前に出ない状態で「a」と発声できるようにします。
3) このとき顎関節部分が外からみて膨らんでいないことを鏡で確認します。

指２本を入れなくてもあごが開けられるようになったら…

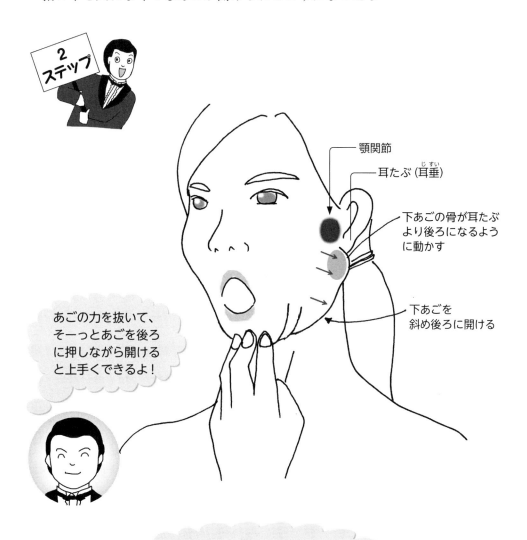

Step5：歌う姿勢と口の開き方の極意●77

♫ ATONOメソッド⑦ ♫♫♫♫♫♫♫♫♫♫♫
自然に声を出すときと、歌うときのあごの動きを比較しよう！

比較してみよう！

　鏡などを見ながら、普段と同じように自然に口を開けてみましょう。皆さんが意識せずにあごを開けた場合、顎関節(がく)の部分が膨らむ人が多いと思います。

　あごは下に降りながら、少し前にせり出しつつ開くのを確認できると思います。さらに口を大きく開けると顎関節の部分が前に飛び出し、耳の前方が膨らんだように見えますが、この前方にせり出しながら開く動きが、のどを狭くさせ、歌唱としての声にはよくないのです。あごは前にせり出すと、あごと連動して動く舌骨が斜め前方に引き上げられます。舌骨と筋肉でつながっている喉頭も、つられて引き上げられます。そのように喉頭が上がると、前述のように、のどが開かなくなって発声が悪くなります。

意識せずに口を開けたときの動き：
あごが前にせり出して、顎関節の部分が膨らむ

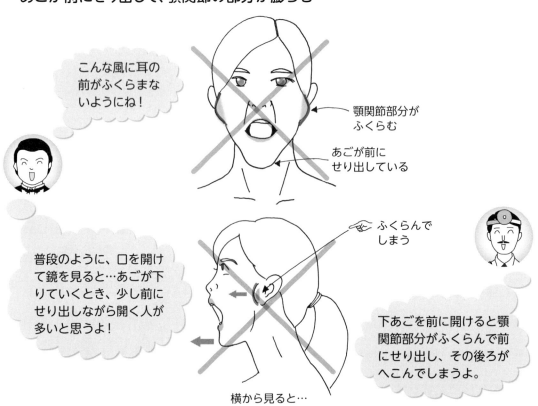

こんな風に耳の前がふくらまないようにね！

顎関節部分がふくらむ

あごが前にせり出している

ふくらんでしまう

普段のように、口を開けて鏡を見ると…あごが下りていくとき、少し前にせり出しながら開く人が多いと思うよ！

下あごを前に開けると顎関節部分がふくらんで前にせり出し、その後ろがへこんでしまうよ。

横から見ると…

78 ●Step5：歌う姿勢と口の開き方の極意

よいあごの開け方：あごが斜め後ろにスライドして、顎関節の部分が膨らまない開け方

あごを斜め後ろにスライドさせると舌骨が後方に移動し、舌骨とつながっている喉頭は下方にロックされて上がりにくくなります。

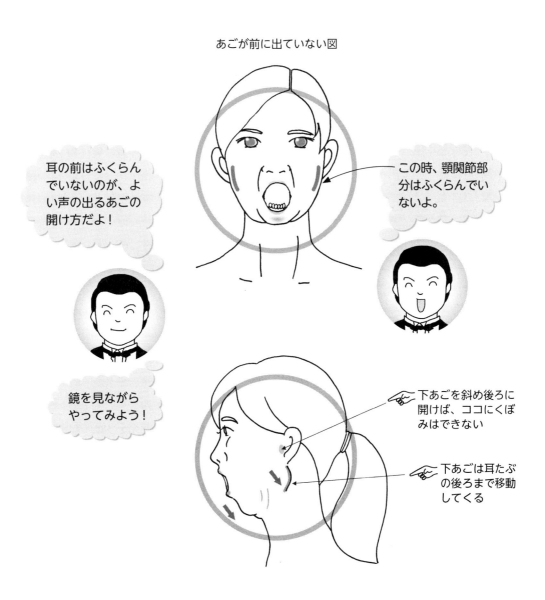

Step5：歌う姿勢と口の開き方の極意 ● 79

❸姿勢ひとつで声は変わる

座って歌うときの正しい姿勢

合唱練習では座って練習することも多いと思います。座って歌うときや、座って演技しながら歌うときに声が出にくいというお悩みの方を、よくお見受けします。まさに姿勢がわるいことが一因ですから、座って練習をするときは背中をまっすぐに、下あごを斜め後ろに引くことを忘れずに声を出すと、広い音域で歌うことができます。

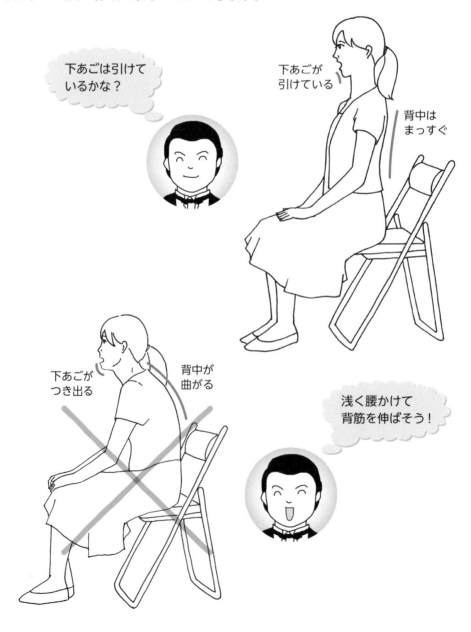

見上げながら歌うときはどうする?

オペラの舞台上などで演技をしながら歌うとき、特に上を見上げるシーンでは、下あごが上がり気味になると、広い音域が歌いにくくなりますので工夫が必要です。

演技で見上げるシーンが終わった後に、観客を見る視線になってから、正しいあごの位置で歌うなどの工夫もできます。演出家にも、歌手の発声をよく理解してもらうことが大切ですね。

顔全体が上を向いた状態で歌唱するならば、P74のイラストのように首が"くの字"となりむずかしいでしょう。それでは、あごを突き出した形で歌うことになり、のどが狭くなりますし、身体も前傾しそうです。その一方で、あごを引き気味にして上を向くと、身体全体が反ったように起き上がってきます。

身体が天井を向くほどに反るのは変ですが、ある程度体ごと上を向くのであれば、かかと重心となりますので、歌うのに差し支えありません。一般には、ずっと上を向いたままで歌唱を続けることは避けるべきで、曲の前奏や間奏で演技として上を向き、歌唱時には正面を向くのが現実的でしょう。それなら十分に余裕をもってよい発声で歌えます。

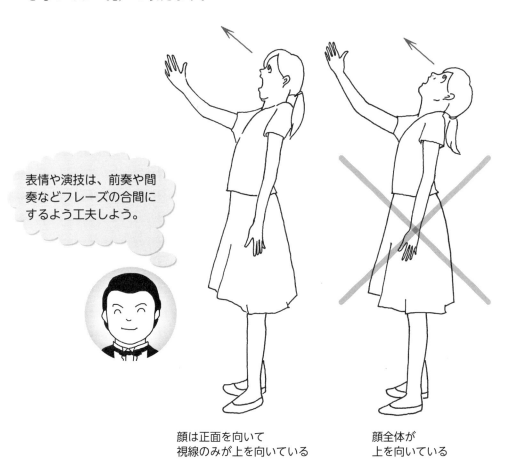

表情や演技は、前奏や間奏などフレーズの合間にするよう工夫しよう。

顔は正面を向いて視線のみが上を向いている

顔全体が上を向いている

あなたは、
あごの力を抜いて歌えますか？

やってみよう！

　完全にあごの力を抜いて口を開けてみます。鏡で見て口は1cmほども開くでしょうか？
　この状態を保ったまま「ieaou」の母音を正しく発声することは不可能です。このあごの状態では、声の質も「しまりのない」声になってしまい、とても歌えません。

　次に最低限の力を使って、あごを開けて「ieaou」の各母音を発声してみましょう。
　今度はやっと母音が確認できる状態になりました。母音をロングトーンで出しながら、下あごを左右に動かすことができるくらいの状態ですが、この状態にも最低限のあごの力が必要です。
　つまり、歌うときには完全にあごの力を抜くことは不可能です。正しく母音を発声するフォームを作る最低限のあごの力で歌うことが必要です。
　「下あごを前に突き出すように」あごに非常に力を入れることで、声のハリを保っている方も少なからずいます。そういう方に、あごの力を抜いてもらい、下あごを正しい位置にセットすると、一時的に声が出にくくなることがあります。それでも正しいあごのフォームで最低限の力で歌うことをマスターしてもらうと、のどの奥も同時に十分に開くことになり、飛躍的に発声がよくなります。

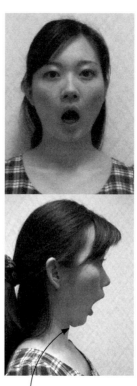

横から見ると、あごがしっかり開いて二重あごになる

❹のどを詰めない発声とは

共鳴スペースは広く

　高い声や大きい声を出そうとして一生懸命頑張っても、それ以上、声が出ないという方は多いものです。そのまま頑張り続けると、のどの病気になります。無理に力を入れている人たちの喉頭を見てみましょう。

　写真は次のページの図を上から見たところです。

　Ⓐの発声では、声帯のすぐ上の共鳴スペースが狭く横に長い形です。Ⓑの発声では、声帯のすぐ上の共鳴スペースは一見広く見えますが、声帯の横にぽこっと頬のように見える「仮声帯」が手前に出っ張っています。仮声帯が出っ張っている場合も、共鳴するスペースは狭くなります。

　一方、Ⓒのように、声が高く大きくしっかり出せて、無理な力がのどに入っていない人の喉頭は、声帯のすぐ上の共鳴スペースが広くなっています。

Ⓐ声帯のすぐ上の共鳴スペースが細長く狭い場合

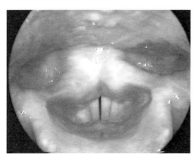

Ⓑ仮声帯が出っ張って共鳴スペースが狭い場合

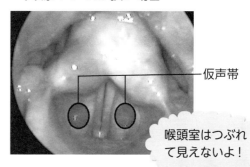

仮声帯

喉頭室はつぶれて見えないよ！

Ⓒ喉を広げた発声の声帯および共鳴スペース

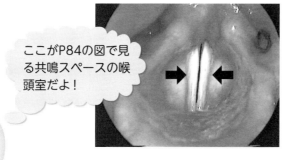

ここがP84の図で見る共鳴スペースの喉頭室だよ！

Step5：歌う姿勢と口の開き方の極意●83

のどを広げた発声と、のど詰め発声の違い

声帯のすぐ上の共鳴スペースが広くなっている場合と、狭くなっている場合について、それぞれ喉頭がどのような状態であるかを断面図で示すと、以下のようになります。

右下の図は食べものが入ってきたときと同じように喉頭蓋が倒れてきて、のどを狭くした状態。

食べものを飲みこむときは完全に倒れて気道をふさぐよ。

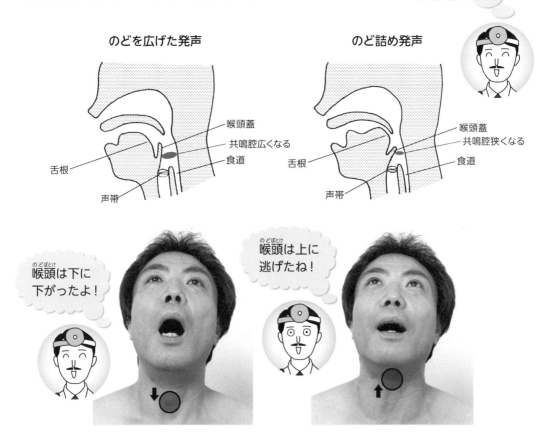

❖のどを広げた発声と、のど詰め発声を、喉頭の縦の断面図で比較❖

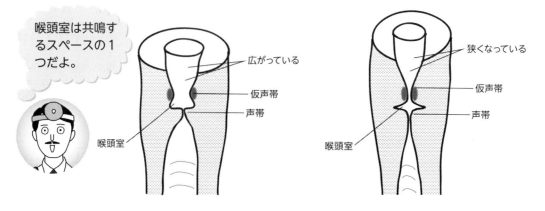

🎵 ATONOメソッド⑧ 🎵🎵🎵🎵🎵🎵🎵

喉頭を下げて、のどを広げる発声のコツ

のどぼとけに指を当てて「あくび」をすると、つばを飲んだときと逆の動きをして、のどぼとけは指から下に逃げていくのがわかると思います。のどを広げた発声をするためには、そのまま維持して声を出すことが理想です。しかしながらそこで、よく言われる「響きを頭に感じて！」「笑ったようにほほを上げて発声して！」「声を前で感じて！」などと指導されてしまうと、すでに喉頭は理想の位置よりだいぶ上に移ってしまっている人がほとんどなのです。

そこで、ちょっと強引ですが、首の前側の皮膚を両手でつまんで、下方にぐっと引っ張ってみます。皮膚の下の喉頭全体が下方に引っ張られて、あくびをした時の状態を意識的につくることができます。これなら「響きを頭に感じて」歌っても、喉頭は下に保たれるので、くり返し練習することにより、のどを開いて発声することができます。

首の皮をギューッと下の方に引っ張ると喉頭が下がって、あくびをしたときの状態を作ることができるよ！

Step5：歌う姿勢と口の開き方の極意 ● 85

♬ ATONOメソッド⑨

のどぼとけを上げ下げしてみよう
～声帯（喉頭）の位置を下げる練習

のどぼとけは男性にも女性にもあります。のどぼとけを探してみましょう。

声帯が入っているボックスが甲状軟骨と輪状軟骨ですが、甲状軟骨が首の前に出っ張っているところが、いわゆる「のどぼとけ」です。のどぼとけに指を当てて「ごくん」とつばを飲んでみると、のどぼとけが指から上に逃げていくのがわかります。反対に、「あくび」をすると、下に下がるのがわかります。

ただし首が短い人や、テノールでも声の軽いレッジェーロなどの声質の人、脂肪質で首が太い人の中には、触ってもわからない人がいます。

喉頭の位置が上がると、P84の図のように喉頭上方の喉頭蓋が後方に倒れてきて、声帯の上方を覆う形になります。のど詰め発声の状態は、ものを飲み込むときに食べ物が気管に入らないようにする状態と同じであることは先にも述べました。当然、発声には適さない「のどがよく開かない」状態と言えます。ですから発声に適した、のどがよく開いた状態を作るためには、喉頭の位置を下げなければなりません。前ページの首の前の皮を引っ張る方法は、そのコツの一つとして覚えておいてください。

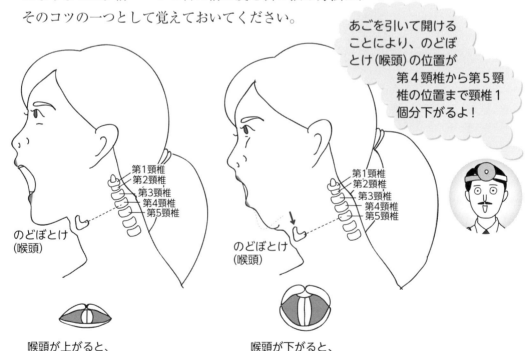

あごを引いて開けることにより、のどぼとけ（喉頭）の位置が第4頸椎から第5頸椎の位置まで頸椎1個分下がるよ！

喉頭が上がると、喉頭の共鳴腔が狭くなる。

喉頭が下がると、喉頭の共鳴腔が広くなる。

・・・・・声の悩みQ&A・・・・・

ミュージカル女優ですが、いつものどが痛いです

Q ミュージカル女優です。本番の後は、いつものどが痛くなり困っています。

お答えします！

A

　ミュージカルの発声は、クラシックのような頭声で歌うことを禁じられると思います。

　「クラシックと歌謡曲の中間の声で歌うように」と指導されることもあるそうです。本来、高い声で歌うときは、それに合わせて声帯をうすく伸ばして頭声で歌うのが、声帯にとって負担の少ない歌い方ですが、ミュージカルなどでは、高い声になっても地声を張り上げ、声帯を厚ぼったく使って歌う方法が指導されるようです。

　大きな声や高い声を出すとのどが痛くなるのは、そのとき仮声帯に力が入っているからです。仮声帯に力が入ることで喉頭室はつぶされて共鳴腔としての役割を失い、そのとき喉頭は上がっています。

　地声と頭声を同じ音で交互に出すP22～24の練習を、すぐ取り入れてみてください。

　総合的な解決方法としては、裏声を頭声と呼べる程にまで訓練し、そのフォームで低い音（例えばAラ など）まで出せるよう練習を繰り返します。広いのどを保ったまま胸声（上質な地声）で歌ったり語ったりするようにすれば、のどが痛くなることはありません。まず頭声のフォームで広いのどを手に入れてから、望みの声質を探っていくことが声帯にとっては重要です。

◆◆◆◆◆ 声の悩みQ&A ◆◆◆◆◆
仮声帯に力が入っていると言われました

Q 耳鼻科のクリニックを受診したら、発声するときに仮声帯に力が入っていると言われました。発声に問題があるのでしょうか？

お答えします！

A 仮声帯に力が入っているときは、大きく分けて2つの場合があります。1つは下の写真Ⓐのように、お年を召されて声帯自体がやせてしまったために、周りから声帯を支える仮声帯が、それを補うように力を入れて発声する場合。もう1つは写真Ⓑのように、声帯に問題はない人で「高い声を発する時などに喉頭が上がり、仮声帯に力が入って喉頭室が押しつぶされてしまい、喉頭の共鳴が悪くなる」場合です。これは声楽の勉強を始めて間もない方や、ポップスの歌手の方によく見られます。ミュージカル風の歌唱をしようとする方にも、仮声帯に力が入る例を多く見かけます。

以上のことから、仮声帯発声と画像診断された場合、声帯がやせているなら、しっかりと、のどに力が伝わる指導が必要で、反対に、声帯は正常なのに仮声帯発声ならば、のどの力を抜く発声指導が必要、という2つの状態がありますから、音声専門医による正しい発声指導が必要となります。

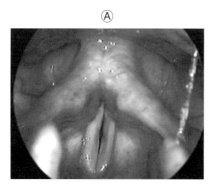
Ⓐ やせた声帯

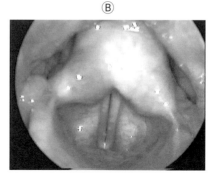
Ⓑ 仮声帯発声

❺低い声を出すには

低い声はStep1の
メソッドに戻って
よく確認しよう！

女性は地声に注意

　自分の声帯の大きさを、歌手を診慣れた医師にチェックしてもらい、低い声に適しているのか知る必要もあります。日本人の場合、過去の診察例からみても、メゾ・ソプラノやアルトに適した声帯をもつ人は少ないと思われます。自分の声帯の大きさがあまり大きいものでなければ、出そうもない低い声を無理に出そうとしないことが、まず先決です。

　もし、低い声が出せる声帯だとしたら、まず中音域の頭声を正しく出せるよう習得します。その後、この広くのどを保った同じ状態で、地声領域も含め、低い声の練習をするのがよいでしょう。

男性は地声が基本

　男性の場合、歌うときは基本的に地声なので、個人の持っているそれぞれの音域の範囲を支えるために、この本の各章のメソッドにしたがって実践していただければよいでしょう。

　ところで「年齢が上がると声が高くなる傾向にある」とよくいわれますが、音域が高くなるというよりは、低い声が出にくくなって声が軽くなるというケースが多いと思います。「年齢に伴い低い声が出なくなった」と診察室を訪れる方が多く見られます。P18で解説していますが、男性はもともとの声帯が大きめなので、年齢に伴い楽器としての声帯のサイズが小さくなり、声帯がやせるほど次第に低い声は出にくくなります。

　上腹式呼吸で横隔膜を意識しながら、広いのどで声を出すよい発声を身につけると、出なくなったと思っていた低い音も取り戻せるようになります。

　あなたの声帯に、年齢に伴った著しいサイズ減少などがない場合は、よい発声を勉強している段階で、低い方へ音域が1音、2音と広がっていきます。音域が広くなるわけですから歓迎すべきですが、無理に押し広げる必要はありません。女性と違い、男性は低い声をたくさん練習したからといって、のどを痛めることはめったにありませんが、自分が出せる最低音を把握するくらいのつもりで練習するとよいでしょう。

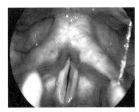

やせた声帯では、すき間もできてしわが寄ってしまっているね！

Step5：歌う姿勢と口の開き方の極意●89

❻鼻腔共鳴はどれだけ必要？

軟口蓋上げすぎのデメリット

　声の響きをよくするには「鼻腔共鳴が必要だから、軟口蓋を上げて鼻腔を拡げ、響きをよくするように」と指導されたという声をよく聞きます。ですが、解剖学的に、軟口蓋を上げると鼻腔が広くなることはありません。

　この本は「軟口蓋を無理に吊りあげなくとも響きのある声を出せる」メソッドでもあります。その方が、のどに余計な緊張のない発声ができるからです。また軟口蓋を下げ過ぎても、いわゆる「鼻音」化が起こってよい発声になりません。

　「Naナァー」と発声すると軟口蓋が特に下がりますので、「Naナァー」の発声の後に残る「aアー」で鼻に抜けたような発声をすると、軟口蓋が無理に下がった状態を体験できます。これが「軟口蓋が下がり過ぎた」鼻声です。これを開鼻声といいます。まったく逆に、鏡でのどの奥を見ながら、のどちんこを思い切り吊りあげて「aア」を鼻に掛けた発声をすると「軟口蓋が上がり過ぎた」鼻声になります。これが閉鼻声です。

　「軟口蓋を上げて発声するよう」指導された方もたくさんいらっしゃると思いますが、上げ過ぎて閉鼻声にならないよう、上げ過ぎず、下げ過ぎず、指導者に声を良く聴いてもらいながら、ちょうどいい軟口蓋の位置を誘導してもらうことは有効です。

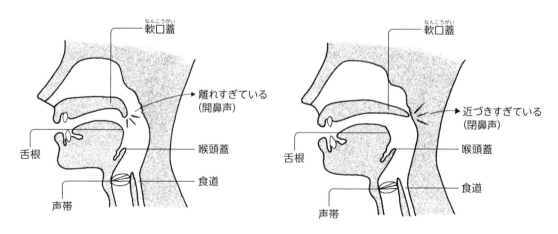

・・・・・声の悩みQ&A・・・・・

歌声が鼻声に聞こえると言われ困っています

Q 歌っていると、いつも鼻声に聞こえると言われ困っています。

お答えします！

A 鼻声の原因には大きく分けて、
①鼻に病的な状態があって鼻声になっている
②鼻に異常がないのに歌い方で鼻声に聞こえる
の2つに分けられます。

①について、アレルギー性鼻炎の場合、肥厚性鼻炎など鼻の粘膜が腫れている場合は、アレルギーに対する治療をしたり、腫れている粘膜を手術したりすることで解決できる場合があります。鼻中隔湾曲症といって、成長とともに左右の鼻孔を隔てている軟骨がひどく曲がることにより、鼻孔が狭くなって鼻声になることもあります。専門医の判断をあおいでください。

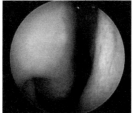
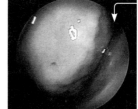

ここが空気の通り道　　空気の通り道が狭い

正常な鼻の粘膜　　アレルギー性鼻炎の鼻の粘膜

②鼻に異常がないのに鼻声になっている場合があります。輝きのある声を手に入れようとして、鼻腔の共鳴を意識するあまりに「鼻にかけ過ぎた発声」になってしまうことがあります。また、舌根に力が入って発声しても、鼻声に聞こえることがあります。本来、鼻声というのは筋肉のどこかに緊張があることで出てくる声です。鼻腔の共鳴は声に明るさは出ますが、本人に輝きのある声と聞こえてはいても、実際にはやりすぎて、他人にはノイズや耳障りに聞こえていることも多いものです。

また鼻声の多くは、お腹が使えない→舌根が上がる→のどが固くなるという現象が起こっています。**のどの力をとるには上腹式呼吸にして、下あごを斜め後ろに開いてから舌を大きく上下に動かすと、舌の後方部（舌根）が下がるような感覚がつかめます。**

鼻腔の共鳴がなくとも ベルカントで歌える?

知ってる?

　鼻腔共鳴はベルカントの発声に重要であると一般には認識されていますが、中には「ベルカントでの発声は鼻腔共鳴を使わない」と書かれている書物があります。実際、軟口蓋を完全に上に押し当てて鼻腔への共鳴をなくしても、ベルカントの発声ができる歌手もいます。

　通常では軟口蓋を完全に上に押しあてて鼻腔共鳴をさえぎると、鼻づまりの声になります。

　鼻腔共鳴はいらないと言うと、「鼻腔共鳴をしっかりと大事に保ちながら歌いなさい」と指導する方たちには考えにくい発声かもしれませんが、物理的な鼻腔共鳴をまったく使わずとも聴覚的には鼻声にならない著名なテノール歌手も活動しています。

　この本のメソッドでは、鼻腔共鳴を、発声の本質的な絶対条件とは考えていません。

　普通の方は「Naナァー」と発声すると、後鼻孔はほとんど開いたままです。一方、鼻腔共鳴を使わずにベルカント発声する歌手が、「Naナァー」の音を発声した瞬間に内視鏡で様子をみると、「N」の発音が終わると同時に、普通なら開くはずの後鼻孔を意識的に閉じて「a」の音の状態に移行しています。後鼻孔の穴が開いていると、鼻腔がその下の咽頭とつながっているのを確認することができます。「N」の音を発音した瞬間だけ後鼻孔が開き、「a」に移行した瞬間に後鼻孔が閉じるのです。この歌手の場合、鼻腔を通さないと発声できないのはナ行とマ行だけです。通常であれば軟口蓋が上がれば後鼻孔が閉じて、普通の方は閉鼻声となります。

　ところが前述の歌手の場合は、鼻腔へ音が抜けなくても、まったく鼻声にならずに同じ響きの声で歌うことができます。

　結論としては、声楽を学ぶ方には鼻腔共鳴を使うことが重要な課題として理解されがちですが、あえて考えなくても鼻腔共鳴は無意識で歌ってもよい、というのが解剖学的な見解です。

Step 6

自分の声のエネルギーを活かす

❶「よい声」は定義できるのか

「大きい声」＝
「響く声」ではない

　声楽では、声はただ大きければいいというものではなく、よく響く声を目指しなさい、と言われます。大きい声には全体に強いエネルギーがあるとしても、実は「声が大きい」と「声が響き渡る」ということの意味は違います。

　人間の声にはいろいろな倍音が出ているなかで、強く出ている周波数の倍音の

❖高いエネルギーの発声を身につけた歌手KさんとTさんの母音「a」のエネルギー比較❖

■図1-1　よい発声を身につけた歌手Kさんの声のエネルギーと時間変化

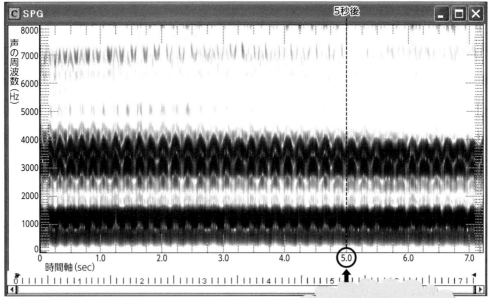

上の図1-1で濃い色に出ているところが、声のエネルギーが強い周波数帯だよ。

声が出て5秒後の、瞬間エネルギーを断面にしてみると、右ページのような波形になるよ！

かたまりがあり、これを「フォルマント」という考え方で見ていくと、声の響きを理解するのに非常に役に立ちます。

　以下、ソプラノとメゾ・ソプラノ歌手の2人のデータのパターンを見てみます。声部の違う2人の歌手ですが、よい発声を身につけていると、そのパターンは驚くほど似ていることがわかります。下の図1-2は「a」の母音で、ミEの音を、発声から5秒後に測定したときの波形です。

■図1-2 ソプラノ歌手Kさんの発声5秒後の声のエネルギー

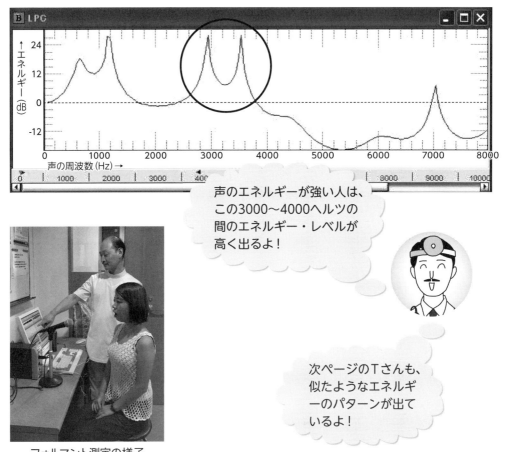

フォルマント測定の様子

声のエネルギーが強い人は、この3000〜4000ヘルツの間のエネルギー・レベルが高く出るよ！

次ページのTさんも、似たようなエネルギーのパターンが出ているよ！

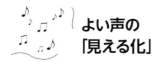

よい声の「見える化」

声のエネルギーは、測定によって視覚化することができます。図1-1と図1-3の縦軸が音の周波数、横軸が時間軸です。グラフのなかで波形が密集して濃くなっているところは、声のエネルギーが強いことを表します。

しかし、このグラフではおおよその視覚的な声のエネルギーはわかりますが、客観的な数値としてはわからないので、ある点での値を断面にして、その点でのエネルギーを計測して図にしたのが図1-2と図1-4の波形です。

■図1-3 メゾ・ソプラノ歌手Tさんの声のエネルギーと時間変化

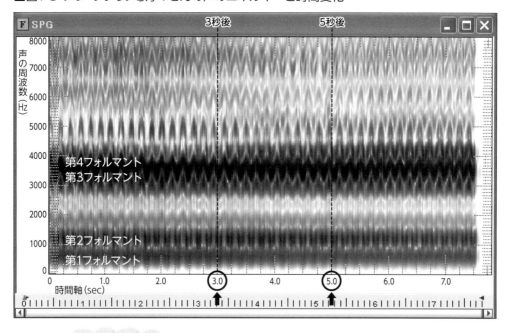

上のグラフはスペクトログラムというよ。実際はカラーなので、どんな感じか表紙カバーを見てね！

フォルマントを確認するために、前ページのKさんと同じようにエネルギーの断面を出すよ！

グラフの各ピークを「フォルマント」と呼び、周波数帯が強められているところです。山の部分の左の方から順に第1、第2、第3、第4フォルマントと呼びますが、この本では声のエネルギーに大きく関わる第3、第4フォルマントに着目します。周波数でいうと3000Hz～4000Hzの部分にあたります（第1、第2フォルマントはピークの周波数が母音により違うので、母音の識別に用いたりします）。

■図1-4-1　メゾ・ソプラノ歌手Tさんの発声3秒後の周波数と声のエネルギー

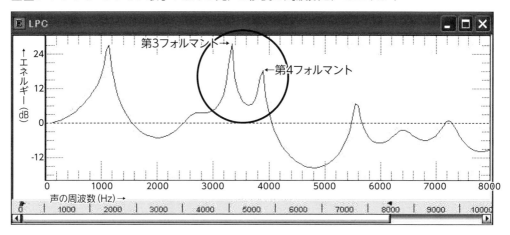

■図1-4-2　メゾ・ソプラノ歌手Tさんの発声5秒後の周波数と声のエネルギー

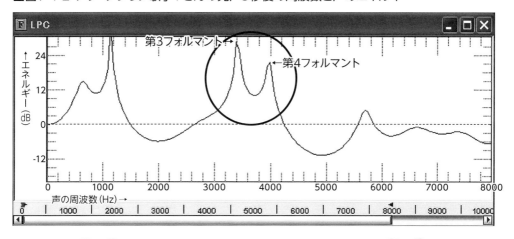

Tさんの声のエネルギー・パターンのグラフは、3秒後でも5秒後でも、エネルギーの断面は差がないことがわかるね！

劇場でもマイクなしに響きわたるような、声にエネルギーのある人は、第3～第4フォルマントのエネルギーがとても高いパターンを描いているよ！

Step 6：自分の声のエネルギーを活かす ● 97

❷響きのアンサンブル

**オペラ歌手の声が
オーケストラに
負けないわけ**

　オペラ歌手がオーケストラをバックに歌った場合、前ページのグラフ上でみる3000〜4000ヘルツの音のエネルギーが強いと、オーケストラの音に隠れずに、観客によく声が聞こえることがわかっています。

　合唱でいうと、アマチュアの人80人の声のエネルギーを、プロの声楽家による合唱では何人のエネルギーに匹敵するかといえば、10分の1である8人程度で十分でしょう。例えばオペラ《カルメン》の闘牛士の歌の場面で、合唱団の中からエスカミーリョが登場してくるとき、エスカミーリョと合唱は同じメロディを歌っていても、そのソリストの声だけが抜群に客席に響いてくることを、経験されたことがあるかもしれません。

　オーケストラが単独で演奏するときのエネルギーは450ヘルツあたりが中心で、下のグラフのように他の周波数は低くなっています。また普通の人が話している声のエネルギーも、グラフで見るように、同じような周波数のパターンであることがわかります。対して、オペラ歌手の歌声は、450ヘルツ付近のピークだけでなく、3000ヘルツ付近でもう一つのピークがあることがわかっています。3000ヘルツ付近の強いエネルギーの周波数が同時によく鳴っていることが、オーケストラと一緒に歌っても負けずに、声が埋もれることなく聞こえてくるゆえんです。下のグラフは、オーケストラと歌手を同時に測定した値ですが、歌手が入ったときだけ、3000ヘルツ付近が飛び出していることが読めますね。

写真提供：ヘンデル・フェスティヴァル・ジャパン《ベルシャザル》公演より
テノール：辻裕久　Photo：青柳聡

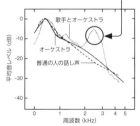

＊上のグラフはオーケストラと人の話し声、オペラ歌手の歌声の周波数のパターンの違いがわかりやすいよう重ねたもので、絶対的な音量の比較ではありません。

今度は正しく訓練された先ほどのソプラノ歌手Kさんと、訓練されていない一般女性のフォルマント・パターンのグラフを比較してみます。

■図2-1　ソプラノ歌手Kさんの声のエネルギーを表すフォルマント・パターン

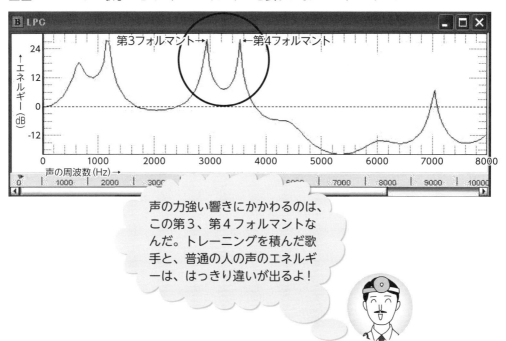

声の力強い響きにかかわるのは、この第3、第4フォルマントなんだ。トレーニングを積んだ歌手と、普通の人の声のエネルギーは、はっきり違いが出るよ！

■図2-2　一般女性Sさんの声のエネルギーを表すフォルマント・パターン

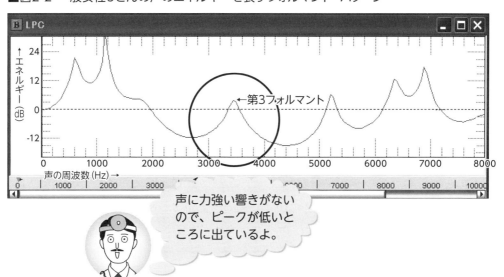

声に力強い響きがないので、ピークが低いところに出ているよ。

Step6：自分の声のエネルギーを活かす●99

◆◆◆◆◆ 声の悩みQ&A ◆◆◆◆◆

顔や頭に響かせる共鳴とは違うの？

Q 前著『発声のメカニズム』には「顔や頭に響かせる」共鳴を強化する、一般的な発声法が書かれていないように思うのですが？

お答えします！

A 　ATONOメソッドでは「首から上はないつもりで発声する」よう指導していきます。つまり、響きを感じる感覚は、あえて捨てて発声することにより「喉頭を下げる」ことを第一に導きます。喉頭を下げてのどを大きく開けさせて発声すると、響きを重視した発声のフォームに比べてボリュームが急に上がってしまい、まず、その解放感におどろくかもしれません（グラフⒶ）。のどを十分に開けて発声すると、今までは自分の耳に心地よく響きを感じていた声が、「粗野な」声に聞こえてしまうからです。

　この状態で発声される声のフォルマントの指導前と指導後を比較すると、1分後には、グラフⒷのように変わります。

　グラフⒶの状態では、喉頭は大きく拡がっていて共鳴腔は広いのですが、それだけでは理想の発声とはなっていません。

　前著『発声のメカニズム』では「のどを広く保つ」ことをシンプルに強調して執筆しました。のどを開けた状態からの詳しい実践は、本書でより体得していただけます。のどを極端に開けて発声する感覚を覚えていただいた後に、Step4に示した呼吸法を並行して十分にマスターしていただくことが有効だからです。

　のどを十分に開けることと呼吸の支えが同時にできるようになると、上腹式呼吸が充実していきます。グラフⒷのように上腹式呼吸が十分に達成されたとき、「顔や頭に響きを感じる」感覚を特に持たなくても、強いエネルギーで歌うことができるようになっているのです。

　グラフⒷの声は「首から上の響き」を感じずに、理想的なベルカントのフォルマントのパターンを示しています。

　一般的によく行われる「頬を上げた表情で」「頭に響きを感じて」発声する場合、理想的な喉頭の位置より喉頭が上がって狭くなることがあります。それを避けるために、あえてこうした指導をせずに、上腹式呼吸

首から上はないものと思って発声するといいよ！

を充実させることに重点を置いて、充実したフォルマントに改善することをすすめています。

　グラフⒶのように、のどを十分に開けてもらい「野放図な」発声となった体験者の方に、引き続き上腹式呼吸を充実させることを徹底していただくと、「響きを伴った」ベルカント発声に近づき、フォルマントはグラフⒷのように理想的なパターンへと変化していきます。

❖体験者男性Ａさんの指導前と指導後の例❖

Ⓐ指導前：のどを開けただけの開きすぎの声

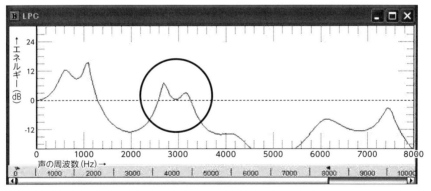

Ⓑ指導1分後：のどを開けながら上腹式呼吸で支えた声

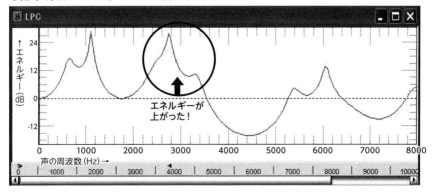

エネルギーが上がった！

✦✦✦✦✦ 声の悩みQ&A ✦✦✦✦✦

発声法は声部（パート）により違うのでは？

Q 前著『発声のメカニズム』を読みましたが、このメソッドはバリトン歌手の体験で、例えば女声歌手には当てはまらないのでは？

お答えします！

A 性別による発声法の違いは、ほぼないと考えています。

エネルギーのあるよい声は、男声でも女声でも、3000〜4000Hz付近にフォルマントの同じパターンが出ることが、おわかりいただけたと思います。性別とは関係なく同じように指導することができます。

❖一般女性Sさん　指導前と指導後の例❖

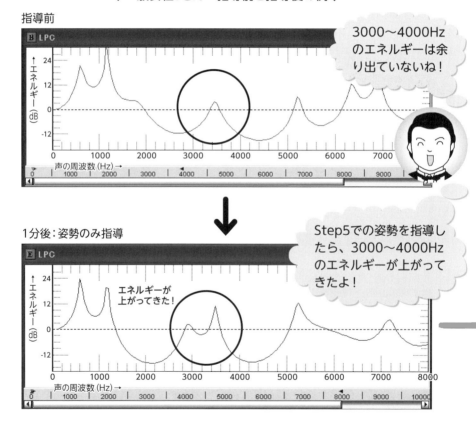

3000〜4000Hzのエネルギーは余り出ていないね！

Step5での姿勢を指導したら、3000〜4000Hzのエネルギーが上がってきたよ！

エネルギーが上がってきた！

ベルカントの発声法においては、例えば男声のバスと女声のコロラトゥーラ・ソプラノの発声をフォルマントのパターンで比較しても、違いは、ほとんど見受けられません。もし性別により発声法が異なるとしたら、男性の教師は女性を教えることができないことになります。

　よい教師は性別を超えて、よい耳と指導法でよい声を導けるものです。ぜひ本書のメソッドにのっとって訓練していくことをおすすめいたします。

姿勢に加えて、Step4の上腹式呼吸を取り入れたら、3000〜4000Hzのエネルギーがぐん！と上がってきた。たった5分で、誰でもこんなに変わるよ！

姿勢と呼吸のどちらを先に指導するかは、人によって変わるよ。

5分後：上腹式呼吸と併せて姿勢を指導

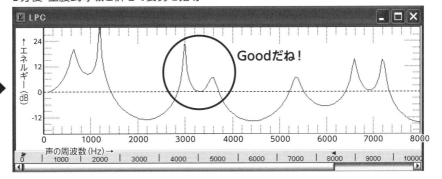

❸母音のエネルギー

母音によって異なる声の響き

歌唱において、「ieaou」のような母音をはっきり発音すると、実は声自体のエネルギーは「i」から「u」に向かって落ちていく傾向にあることがわかっています。

5つの母音をフォルマントで分析した、アメリカの著名なヴォイス・トレーナーであるリチャード・ミラー*は、その著書で、母音「i」「e」には3000Hzのエネルギーが強く、母音「o」「u」では、そのエネルギーが弱いと述べています。母音「a」が、その中間のエネルギーをもつことは、実際にフォルマントを測定することで確認できます。

母音を形作るのは口腔と咽頭と喉頭の形ですが、中でも舌の形は非常に重要な役割を果たします。母音発声の舌の位置でいうと、Step3で学んでいただいたように「i」「e」は前舌母音です。一般の方は、喉頭蓋が開いた「i」「e」と他の母音では、右ページのグラフのようにエネルギーの違いがでてきます。一方、本書のメソッドにもとづき発声の訓練をしていただくと、母音によるエネルギーの差は少なくなっていきます。歌詞を歌うときも、なめらかなフレーズを作りやすくなることが、次のフォルマントのパターンから、おわかりいただけると思います。

たとえば、歌唱として訓練されていない、のどで発声された「ウ」の音と、Step3で学んでいただいた、訓練された「u」の音では、フォルマントのグラフに表れるエネルギーの分布は明らかに違います。たとえ母音のなかで一番エネルギーの少ない「u」の音であっても、訓練をしていない人は3000〜4000Hzのエネルギーが少ないので遠くへ声が届きませんが、訓練した歌い手は、オーケストラをバックにしてでも、聴衆の耳元にはっきりと声を届けることができます。

> Step3で覚えたように、エネルギーを出しにくい「u」の音でも、「i」と「e」の「u」の合いの子のような口の開け方をしておくと、のどが詰まらず歌えるんだったね！

> 右ページの母音の違いを見てね。最初と2番めのピークの周波数の間が広いのが前舌母音の響きの特徴で、狭いのが後舌母音の特徴だよ。ピークの周波数の出方でもはっきり2つに分かれるね。

*参考：リチャード・ミラー『上手に歌うためのQ&A〜 歌い手と教師のための手引書』(音楽之友社刊)

母音 i→e→a→o→u の順に発声してみると…

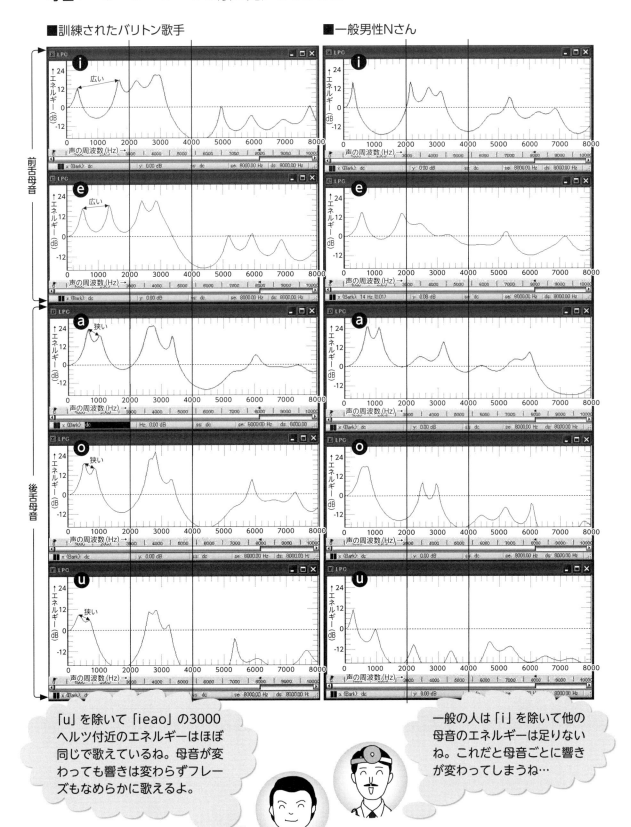

母音 u→o→a→e→i の逆順に発声してみると…

■訓練されたバリトン歌手

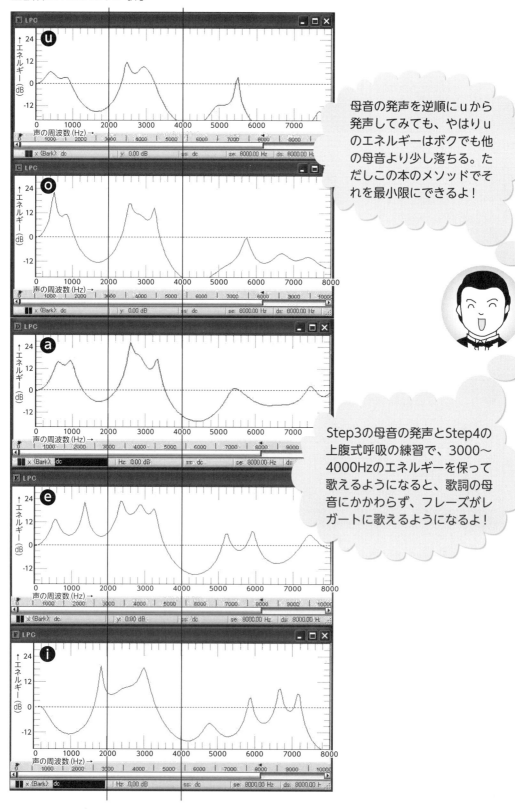

母音の発声を逆順にuから発声してみても、やはりuのエネルギーはボクでも他の母音より少し落ちる。ただしこの本のメソッドでそれを最小限にできるよ！

Step3の母音の発声とStep4の上腹式呼吸の練習で、3000～4000Hzのエネルギーを保って歌えるようになると、歌詞の母音にかかわらず、フレーズがレガートに歌えるようになるよ！

あとがき

　私が、はぎの耳鼻咽喉科の音声専門外来でヴォイス・トレーナーを務めるようになってから、20年近くが過ぎました。

　その間、オペラやミュージカル・ポップス・演歌などの歌手の方々、能・民謡・詩吟など邦楽の専門家、あるいはナレーター、アナウンサー、声優など、声を生業とする、たくさんの方々の声の悩み、あるいはトラブルと接して参りました。

　私のようなクラシック専門の声楽家が、他のジャンルの音楽活動をする方々と接する機会は日常的にそう珍しくありません。それでも声にトラブルを抱えていらっしゃる方と出会う機会は、まずないことです。

　正直なところ、最初は医療現場で、私が何のお役に立てるのかは、とても不安でした。ところが、そんな中で私の提唱する発声法を、ジャンルの違う、例えば演歌歌手や民謡歌手、ポップス歌手の方々に、発声の基本として取り入れて頂いたところ、声のケアやスキルアップのために、とても有効であることがわかりました。

　声帯に結節ができた患者さんに対しては、投薬に加えて発声を変えて頂くことで、縮小、完治に導くこともできました。

　普段、声が出づらいとお困りの方々、高い声が出にくくなったとお嘆きのアマチュア・コーラスをお楽しみの方々にも、のどの使い方、歌う姿勢や、あごの開け方などを変えていただくことによって、美しい声を取り戻していただくお手伝いができました。

　ましてや、クラシックやミュージカルなど、職業歌手の方々の声帯の健康に大いに貢献できたことを大変うれしく思っています。

　人間の声帯は、長さ1.5cmから、せいぜい大きくて2cmの世界です。その中で様々な音色や数オクターヴにおよぶ音程を作り上げていくこともできる、何ものにも代えがたい器官といえます。この本を通じて、読者のみなさん、そしてこれまで出会えたすべての患者さんの、かけがえのない声帯が健康であることに貢献できることを、心より願っております。

　そして、このような研鑽の場を与えて下さった共著者・Dr.萩野に深く感謝いたします。

声楽家　後野仁彦

◆筆者プロフィール

萩野仁志（はぎの ひとし）

1958年10月16日生　東海大学医学部卒業。東京町田市において、はぎの耳鼻咽喉科開業。神奈川県川崎市麻生区にて「ヴォイスメンテナンススタジオJ&J」開設。ジャズバンド「Hug Doc Bandはぐどばん」を結成し、クラシック＆ジャズ・ピアニストとしても活動。主なCDに『てんらんかいの絵』『Hug Begin』『Rhapsody in blue』など（以上Hitoshi Hagino Records）。主な共著書に『「医師」と「声楽家」が解き明かす 発声のメカニズム～今の発声法であなたののどは大丈夫ですか～』。
昭和音楽大学と愛知県立芸術大学において音声学の非常勤講師を歴任した
恩師：故・三宅浩郷（元東海大学耳鼻咽喉科学教室教授）
父：故・萩野昭三（バリトン・ドクター）
http://www.haginojibika.com/

後野仁彦（あとの よしひこ）

2020年11月8日没（享年65歳）　東京藝術大学音楽学部声楽科卒業。1986～89年ミラノ留学。地村俊政、高丈二、アンジェロ・ロフォレーゼ、ヴィルジニア・ボローニの各氏に師事。主なCDに『後野仁彦イタリアを歌う』ほか（JILAレーベル）。共著書に『「医師」と「声楽家」が解き明かす 発声のメカニズム～今の発声法であなたののどは大丈夫ですか～』。
2011年国際芸術連盟音楽賞受賞
はぎの耳鼻咽喉科専属ヴォイス・トレーナー
「ヴォイスメンテナンススタジオJ&J」主任講師を歴任した

「医師」と「声楽家」が導く
人生最高の声を手にいれる6つのステップ

2018年 1月10日	第1刷発行
2024年 5月31日	第5刷発行

著　者	萩野仁志、後野仁彦
発行者	時枝　正
発行所	株式会社　音楽之友社
	〒162-8716
	東京都新宿区神楽坂6-30
	電話　03-3235-2111（代）
	振替　00170-4-196250
	https://www.ongakunotomo.co.jp/

組版・装丁	篠原デザイン
編集協力	彩原一乃
イラスト	藤田千春
楽譜浄書	津村芳伯
協　力	MRI撮影：柳町徳春 医師（東海大学医学部基盤診療学系画像診断学）
	フォルマント監修：沖野成紀（東海大学教養学部芸術学科音楽学課程教授）
	撮影モデル＆フォルマント測定：高橋未来子／唐沢萌加
	フォルマント計測ソフト：（株）HOYA　KayPENTAXマルチスピーチ3700
印　刷	株式会社シナノ パブリッシングプレス
製　本	株式会社ブロケード

※落丁本・乱丁本はお取替えいたします。
※本書の全部または一部のコピー、スキャン、デジタル化等の無断複製は著作権法上での例外を除き禁じられています。また、購入者以外の代行業者等、第三者による本書のスキャンやデジタル化は、たとえ個人や家庭内での利用であっても著作権法上認められておりません。

ISBN978-4-276-14218-3 C1073　Printed in Japan　ⓒ2018 by Hagino & Atono

.